Japan:
Demise by

亡国の日本大使館

Komori Yoshihisa
古森義久

Diplomacy

小学館

亡国の日本大使館

まえがき

外務省やその統括下にある各地の日本の大使館、領事館との私のつきあいも、ずいぶん長くなった。

ジャーナリストとして初めて日本大使館に足を踏み入れたのは、ちょうどいまから三十年前の一九七二年、当時まだ戦火が燃えていた南ベトナムの首都サイゴン(現在のホーチミン市)だった。若き新聞記者だった私はサイゴン川のほとりに立つ重厚な日本大使館の建物に威圧さえ感じたことをうっすらと覚えている。ベトナムには毎日新聞のサイゴン特派員として四年近く滞在した。

一九七六年秋からは同じ毎日新聞の特派員としてワシントンに駐在するようになった。ワシントンでも当然、日本大使館の活動に直接、間接に触れることとなった。

その後は一九八三年一月から四年以上、東京で外務省担当の記者となった。毎日新聞の政治部所属の編集委員という立場で外務省内の記者室の霞クラブに連日、通い、外務大臣や外務省幹部の家に夜の取材に出かけることも多かった。

この四年の体験は日本の外交や外務省の組織と人とを知るうえでかけがえのないほど有用だった。

一九八七年春には私は毎日新聞を退社し、産経新聞の記者となって、ロンドン、ワシントンの特派員を歴任することとなった。その結果、イギリス、アメリカの両方で日本の大使館とまた接する結果となった。

さらに一九九八年末からの二年間は北京に駐在したから、中国での日本の大使館の機能や外交官たちの活動をも目前にみることとなった。現在はまたワシントンにもどっている。

この書は私の長年のそうした体験をもとにする日本の外交の実態についての現場からの報告である。

ただし私はいまもワシントンを拠点とする現役の記者であり、本書の内容は決して回顧ではなく、あくまで現状の報告であり、疑問や課題の提起である。日本外交の将来のあり方への提言でもある。

しかし私が長い歳月、身近にみてきたわが外務省は、いまやその権威も信頼もすっかり地に墜《お》ちてしまった。外務官僚や外交官はもはや国民の間では憤慨を超えて、冷笑やあざけりの対象となってしまった。「外務省など解体してしまえ」という声があるほどである。

鈴木宗男事件が暴露した私利のために国家の外交をゆがめ、自国領土をも犠牲にしかねない組織ぐるみの不正な癒着《ゆちゃく》――

北朝鮮亡命者連行事件での瀋陽の日本総領事館や北京の日本大使館があらわにした事実を隠し、

他国におもねって自国の利益を侵す倒錯の言動――

田中真紀子外相というモンスターに使用人のように扱われてもなお仲間争いに追われ、だれ一人、正義の下に対決しようとはしない卑屈な保身――

松尾事件や浅川事件が明るみに出した長年にわたる公費の巨額な横領や着服と、それを知るべき立場にある幹部たちが監督を果たさなかった無責任な体制――

デンバーやナイロビの在外公館の主役たちが職権を乱用して私服を肥やしていた事件に反映された寄生の汚職体質――

外務省の官僚や組織がからむ不正事件やスキャンダルをあげればきりがない。しかもここほんの一年半ほどの短期間に明るみに出た不祥事ばかりなのだ。

わが外務省はいまや腐りきった体質をあらわにし、このままでは本来の任務の日本外交をきちんと実行していけるのかどうかという疑問を提起するまでにいたった。「亡国」という懸念の言葉が出るゆえんである。

もっともこうした不正や醜聞《しゅうぶん》はなにも近年、急に外務省の体質が変わった結果、生まれた現象というわけでは決してない。長年のゆがんだ構造や慣行が組織の人間に病んだ特権意識を植えつけ、非常識が非常識を重ね、不正の温床となってきたというのが実情だろう。

この書ではそうした温床の構造を時系列の軸を前進、後退しながら立体的に解き明かすことにも努めた。

だが外務省のそうしたゆがんだ実態、とくに日本外交の第一線としての海外の日本大使館のおかしな実情は、あまりにも長い年月、国民の批判の正面からの対象とはならなかった。なにしろ舞台が海外だから、一般の国民にはわからない。国内のマスコミの目も及ばない。海外にいる人間にとっても、日本の在外公館は一種の密室だから、その内部の実情はわかりにくい。

日本国内での官僚の活動は直接、各方面からのきびしい視線にさらされる。活動の軌跡がすぐに国民一般にわかる場合がほとんどだろう。だが外務省だけはそうした公共の監視の枠組みの外に立ってきたといえる。

たとえ海外にいて日本大使館の奇妙な実態を知りうる立場の日本人がいても、マスコミの特派員でも大使館から情報の提供を受けることに終始していれば、その相手に関する批判的な報道はなかなかできない。まして一般企業の駐在員は日本の大使館や領事館の影響を受けることがもっと多いため、批判の表明はなおむずかしい。だから大使館の実態は一般に対してはベールに包まれてきたのだともいえる。

そんななかで私自身は気負うわけではないが、かなり早い時期から、かなり積極的に、日本の外交の第一線の奇妙な実態を報じてきたと思う。

国際報道の出発点だったサイゴンでは日本大使館の現地採用のノンキャリアの外交官が市内でナイトクラブの経営にかかわっていることを知り、確認の取材を重ねたうえで、記事にした。外交官がいかなる理由にせよ任地でサイドビジネスをするのはルール違反である。だが最後に大使館のコメントを得る段階でものすごい抵抗と威圧にあった。

記事はけっきょく毎日新聞の一九七四年七月二十五日付の朝刊に社会面トップで「アニマル日本大使館員　副業にクラブ経営」「夜の出勤、公用車に乗って」というような見出しで載ったが、その前後の現地の大使館あげての反発に、この種の報道にはいかに多くのエネルギーが必要かを痛感させられた。

もっともそのころの私にとっては、世界を揺るがせていたベトナム戦争の報道に全力をあげることが最大の任務だった。だから日本の大使館との接触も少なかった。そのころの南ベトナム駐在の日本大使はのちに外務次官やアメリカ駐在大使となる東郷文彦氏だったが、挨拶《あいさつ》を交わした記憶さえない。大使館に依存することが少なかったわけだ。だからこそ批判的な報道もできたということだろう。

しかし日本人外交官たちの世界がふつうの日本人の世界にくらべると、どこか奇妙でズレているという実感は当時から得ていた。

ささいではあるが、示唆に富んだ三十年近く前の経験をいまも思い出す。

サイゴンで東郷氏の後任となった奈良靖彦という大使は一橋大学の出身だった。その奈良大使があるとき、ちょっとしたミスをした。そのことについて私がある書記官と話していると、その書記官がふっともらした。

「いやあ、やっぱりあの人は東大を出ていないからだめなんだよ」

私は思わず耳を疑った。こんな子供っぽい独善の言葉が社会人の大人の口から平然と出ることが一瞬、信じられなかった。日本の社会の一部にそういう意識があることは知ってはいても、職業人が実際にそのことを平気で口にするのを聞くのは初めてだったのだ。その書記官は当然ながら東大卒のキャリア、三十代前半の外務官僚だった。

この人たちの世界はどこかがゆがんでいる、と感じたのはそのときが初めてだった。その書記官はその後、順調に出世コースを歩み、大使ポストを二度、歴任した。彼の当時の言葉は私にとって、外務官僚の世界の病んだ領域へのドアを開ける結果となった。

その後、ワシントンでも東京でも、日本の大使館や外務省のあるがままの姿に接すれば接するほど、違和感を覚え、おかしさを感じるようになったのである。だから機会あるごとにそうした奇異を記事や論文という形で指摘してきた。たとえば日本の特命全権大使が任地をまったく知らないまま赴任し、赴任してもわずか一年とか二年ほどでかわってしまうようなケースがあまりに多い実態などだった。

だが私のそうした指摘も当初の長い期間、超少数派の例外的な言論とされてきた。外務省は私の記事や論文が出るたびに、全面否定に近い趣旨の反論を激しく展開した。

そのせいか私の外務省批判、大使館批判がそのまま日本社会での多数派の意見になって輪を広げるということはなかった。私はむしろ逆に孤独なローンレンジャーのような思いをも味わされたものだった。

しかしいまは状況がかわった。

日本の社会全体が外務省のあり方を非難するようになった。単に不正や醜聞を糾弾するだけでなく、大使の任命の方法や外交官の民間への接し方、在留邦人への対応の仕方などまでを批判するようになった。私には率直にいって「ようやく時代が追いついてきた」という思いがある。

だが大切なのは、これからどうするか、である。

民主的な外交のあるべき姿についてイギリスの元外交官のハロルド・ニコルソンは名著『外交』のなかで次のように述べている。

「一公僕である外交官は外相に従属する。内閣の一員である外相は議会の多数派に従属する。そして議会は国民を代表する単なる会議であるから、主権を有する国民の意思に従属することとなる」

あまりに自明な指摘ではあろう。

だが日本の場合、従うべき議会の判断や国民の意思があてにはならなかった時代が長くつづいてきた点にも、外交官たちのゆがみの原因の一部があった。その点での外務官僚たちへの同情の余地は大きい。

しかしもはや時代は大きく変わりつつある。外務省も外交官も、議会や国民の意思に最大の注意を謙虚に払いつつ外交の政策や交渉を推進するという以外にない、という状況が明確となったのだ。

そんな基本の必要性を本書では改めて多数の具体例から説明できただろうと思っている。
なおこの書の本づくりと、その基礎となったＳＡＰＩＯ誌の連載で貴重な助言をいただいた小学館ＳＡＰＩＯ編集部の竹内明彦編集長と関哲雄氏に感謝の意を表明したい。

古森義久

二〇〇二年七月、ワシントンで

目次

第三章　硬直化した年功序列「エスカレーター」人事の象徴

〝不適材不適所〟の大使たち

第四章 キャリアかノンキャリアか――それが運命の分かれ道

「閣下」と「従者」のカースト制度

第五章 美辞麗句を並べても構造的欠陥は治らない

外務省「改革」ブームの虚構

第六章 自らの能力欠如をさらけ出す〝外注〟外交という背信

存在理由を失う日本大使館

装幀／日下充典
カバー写真／アメリカン・フォト・ライブラリー
（ワシントンの日本大使館旧公邸）

第一章　瀋陽総領事館事件は氷山の一角にすぎない

対中国〝媚中派〟外交

中国・瀋陽の日本総領事館で起きた亡命者連行事件は、日本の外務省・在外公館の危機管理の甘さを世界中に印象づける〝事件〟だった。

世界に恥をさらした「チャイナ・スクール」

中国の瀋陽の日本総領事館に保護を求めた北朝鮮の男女五人が領事館内に侵入してきた中国の武装警官に襲われて身柄を抑えられ、連行されるというショッキングな事件が起きた。現地時間で二〇〇二年五月八日午後二時ごろのことである。

私はこの事件をワシントンでちょうど朝鮮半島情勢に関するシンポジウムに出席している時に知った。

上院議員会館内で開かれたアメリカの民間研究所主催のこの会議では、ブッシュ政権の高官たちも政策発表をした。

クリストファー・ラフレア国務次官補代理が朝鮮半島へのブッシュ政権の安全保障政策を説明するスピーチに対して、論評し、質問をするのが私の役割だったが、このスピーチでも、さらにそのあとのウォールストリート・ジャーナル論説委員のクラウディア・ロセット女史の「北朝鮮の人権問題」と題したスピーチでも、いかに多数の北朝鮮の国民が悲惨な生活から国外へと脱出しようとしているか、という状況が何度も報告された。

アメリカでもいままさに、北朝鮮の国内の危機的状況や北朝鮮国民の中国経由での国外逃亡の動きに、とくに関心が高まっているのである。

そんな時、この北朝鮮難民の国外脱出の問題についに日本が巻きこまれた事件は、ある面では「来るべきものが来た」という展開でもあった。瀋陽の日本総領事館や、その事実上の上部組織にあたる北京の日本大使館の対応も、ある面では、予想されたとおり、という感じもしたのだった。

新聞や雑誌の多数の記事で、日本の大使館、総領事館の無能や欠陥を報告してきた私にとって、残念ながら、瀋陽の総領事館の犯罪的な失態には、起きるべくして起きたという実感を禁じえなかった。

二〇〇一年九月のアメリカでの同時中枢テロの際にニューヨークの日本総領事館が実証したように（第二章に詳述）、海外での危機でわが日本の同胞の生命さえ満足に保護できない日本国外務省の出先機関が、他国の国民の保護などできないのは、ごく自然なのである。

この現実を認めるのはなんとも悲しいことである。だが目の前にある否定できない現実なのだからしかたがない。

在外公館での亡命者や難民の保護というのは、邦人保護に次ぐもっとも重要な責務である。領事館でそれが起きれば、事実上の領事業務である。しかし日本国外務省では外交官たちにその領事業務全体についいて事前にはなんの訓練も教育もしていない（その実態については後述する）。

今回の瀋陽での事件についても、中堅の日本外交官に感想を求めると、最初に返ってきたのは「なにしろ私たちは、この種の事態への対処について訓練を受けていませんからね――」というごく正直な答えだった。

だからこそせめて災いを転じて、こんどの事件を欠陥の是正の好機とすべきであろう。全世界に流れたあのビデオで日本という国がかぶる汚辱をいくらかでも晴らすには、そんな失態を生む日本外交の土壌にこそ、徹底してメスをふるうべきであろう。

まずは担当者たちの責任の所在を明確にし、その失態はきびしく懲罰すべきである。

ヒトラーや、タリバンですら守ってきた国際ルールを破った中国

だがその前に明確にせねばならない重大事実がある。それは中国当局の非道である。

全世界で確立されてきた外交の規範が踏みにじられ、日本の主権が侵されるのを許容し、亡命を求める男女の中国官憲による連行という非人道的な行為を事実上、認めてしまった日本外務省の非もさることながら、日本側としては、まず理不尽な行動をとった中国当局の罪を日中二国間でも、国際的にも、徹底して糾弾すべきなのだ。

大使館や総領事館の不可侵の鉄則は一九六一年に採択されたウィーン条約の規定でよく説明される。しかしこの国際社会のルールはじつは十七世紀から確立されてきたのだ。

外交公館への不可侵や外交官の任地国での法的義務の免除などという一連の外交特権が国際

関係の重要な基本ルールとして認められたのは、そもそも一六四八年のウェストファリア条約によってだった。ウィーン条約はこの慣例を体系的に成文化したにすぎない。

神聖ローマ帝国とフランスとを二つの頂点とするヨーロッパ諸国が死力を尽くして戦った三十年戦争の講和を決めたウェストファリア条約は、近代国家同士のかかわりのあり方をも初めてきちんと規定していた。

この条約により確立された在外公館の不可侵や外交官特権は以後、三世紀以上も国際慣例として順守されてきたのだ。いわば国際社会の死闘と流血の末に、「これだけは守らないと、とてつもない非道や混乱が起きる」という発想からやっと編み出された人間の英知ともいえるルールなのである。

だから在外公館に相手国の官憲が勝手に入ってはならないという規則はどんな激動の時代にもずっと守られてきたのだ。スターリン政権もヒトラー政権も、ポル・ポト政権も、さらにもっと最近ではタリバン政権でさえも守ってきた国際ルールだった。だが中国はその鉄則を平然と破ってみせたのである。

事件発生直後、外交慣例にくわしい第三者の意見を参考にするという意図で、アメリカの国務省（日本の外務省に相当）の外交官を長年、務め、領事業務にも精通したジェームズ・マクノートン氏にたずねてみた。

「えっ！　そんなひどいことが起きたのですか。考えられない事態です――」

まだ瀋陽での侵入事件の報道に接していなかった同氏に、中国の武装警察隊が日本総領事館内になだれこみ、正門内側の空間を四十メートルも走り、さらに建物内の査証申請の待合室にまで侵入して、北朝鮮の市民たちを連行したことを知らせると、まず返ってきたのは絶句といえる反応だった。

マクノートン氏は一九六四年以来、国務省の職業外交官として三十年近く多数の国に勤務し、本省の東アジア太平洋局と経済局の上級顧問を務めた。

「中国当局の行動はウェストファリア条約以来、主権国家間の相互の文明性への信頼の上に成り立ってきた外交の決まりを踏みにじったという点で、文明社会のルール自体を破ったといえます。皮肉なことには中国自身が『外交公館の不可侵権』を必死で主張した例もあるのです」

同氏があげたその実例は一九九九年の米軍によるユーゴの中国大使館の誤爆に対する中国の対応だった。中国の行動は状況次第、相手次第でがらりと変わるということだろう。

現に中国の有名な反体制民主活動家の方励之氏が一九八九年に亡命を求めて北京のアメリカ大使館に逃げこんだときも、中国当局は一年ほども方氏の館内滞在を放置し、出国まで認めている。

なのに相手が日本となると、白昼堂々、人民解放軍の一部である武装警察の兵士たちが不可侵のはずの総領事館になだれをうって侵入してくるのである。

事態の重大性を隠すような報告をした〝媚中派〟外交官

しかし中国のこんな無法を許した日本の外務省の責任も重大であることは言を俟《ま》たない。総領事館の構内で悲鳴をあげて逃げまどう男女を兵士たちが取り押さえるのを高みの見物のように眺め、兵士が落とした帽子まで拾って手渡す日本外交官の姿は、この無法をむしろ奨励したようにさえみえる。

そのふぬけたような姿勢には日本の国家主権が踏みにじられたという意識のかけらさえもうかがわれない。ふつうの国同士の間で起きれば戦争にもつながりかねないほど深刻な事態を平然と眺めているのだ。

北京駐在の阿南惟茂《あなみこれしげ》大使は当初、中国政府に対しては部下の高橋邦夫公使に簡単に抗議させただけだった。こんな重大な事態では大使自身がまずすばやく抗議すべきなのは自明である。阿南大使がその翌日、東京からの叱責《しっせき》に背中を叩かれたように、自分自身で抗議をしたこと自体が、当初の措置の不適切を証してしまった。

阿南氏はなにしろ後述するように、中国側の意向をことさら気にかけ、とにかく逆らわないことで定評の親中派の外交官である。中国の日本人社会の一部では、阿南氏は親中や拝中というよりも、中国に媚《こ》びるという意味での〝媚中派《びちゅうは》〟とまで呼ばれていることを最近、聞いた。

チャイナ・スクールの日ごろの中国への媚びというのは、こういう緊急事態をも左右する大きな要因となりうるということだろう。日本側の適切な対応としては、阿南大使が当初とった言動とはもっと異なる方法はいくらでも考えられたからだ。

その阿南大使の言動には東京への報告も含まれている。在中国の大使や総領事からの東京への報告には当初、明らかな虚偽があったとしか思えないのだ。

日本政府の各代表の東京での言明はじつにみっともなかった。

外務省の服部則夫外務報道官は事件の発生から二時間以上もあとの五月八日夕方の記者会見で、北朝鮮の問題の男女五人は瀋陽の日本総領事館の構内には入らず、その近接の領域で中国当局に取り押さえられた、という趣旨を明言した。外務省の中国課では「首相官邸や外相にはリアルタイムで情報をあげていた」というのだから、報道官の言明も当然、北京の日本大使館から外務省中国課に入ってきた情報に基づいての発表だろう。

その後、「総領事館構内に入って中国側に連行されたのは二人だけ」という情報がこれまた北京の日本大使館発で流れた。日本のマスコミはみな「二人連行」を大きく報じた。川口順子《よりこ》外相までが公式の場で「二人」説を言明した。

ところがビデオの映像は、北朝鮮の男女合計五人が総領事館の構内に入っている姿をなまなましく映したのだった。川口外相はこのビデオの結果にあわせ、国会の答弁でまで、外務省独自の情報をあわてて「五人」へと訂正する始末となった。

要するに北京の日本大使館からの報告は「総領事館への駆けこみも中国当局の侵入もなし」→「総領事館には二人が駆けこみ、中国当局が侵入して、二人を連行した」→「総領事館には五人が駆けこみ、中国当局が侵入して、五人を連行した」――というふうに醜態きわまる二転三転をみせたのである。

その対象となる事態の真実はきわめて明快だった。

ビデオテープが明示するように、北朝鮮の亡命希望者は二人が総領事館内部の建物へと走り、残りの女性たち三人も入り口のゲートの内側にはっきりと立ち入っていたのだ。総領事館員は武装警察官が無断侵入して、亡命者たちを連行していくところをその目前に立って、じっと眺めているのだから、日本当局にとってこれほど一目瞭然《りょうぜん》、簡単明快で、報告のたやすい事象もまずない。見方によって結論が異なる複雑な現象の報告とはまるで異なるのである。

しかし、だれがみてもこれほど明白な事件の経緯が事実通りに伝わらず、事態の重大性を隠す方向ばかりに曲げて報告されたのだ。

ビデオテープが存在しなければ、北京からの当初の「駆けこみも侵入もなかった」というウソの報告のまま終わってしまった可能性がきわめて高いのである。なぜ結果として虚偽だった報告が送られたのかを阿南大使らは説明する責任がある。

阿南大使は事件の起きる直前、亡命者や難民を公館内に入れるなという指示を出していたことも判明した。館内に入った人間まで追い出せと指示したという報道もある。

とにかく中国当局との間で問題を起こさないという媚びの姿勢なのだ。

「ノンキャリア」で「チャイナ・スクール」出身者の弱腰

小泉純一郎首相は事件翌日の五月九日、大きなミスを犯した。中国当局が日本の主権を侵犯したのに、中国との「友好」の名目の下、その日の昼には日中友好文化観光訪日団の団長と会見し、さらに夜にはその訪日団を迎えての日中友好文化交流式典に出て、挨拶《あいさつ》までしてしまったのだ。

日本の主権を踏みにじった相手の国の代表との会談など、即座にボイコットして、毅然《きぜん》たる抗議の意を示すべきだった。

最大限、善意に考えれば、首相は外務省からの報告でまだことの重大性を十分には認識していなかったという説明も成り立つかもしれない。その報告自体が事実をあえて曲げ、大したことはないというふうに伝えていたとすれば、なおさらその可能性は高い。

外務省の現地からの報告の内容はことほど首相の公式言動の内容を左右しうるのである。だがそれにしても小泉首相は中国との友好の集いにのこのこ出ていくべきではなかった。

瀋陽の総領事館の対応がそもそもおかしいのはあまりに自明である。北朝鮮の国民多数が最近、中国領内で難民状態となり、外国公館への駆けこみを図っていることは周知の事実だった。総領事館はそのためにどんな対策をとっていたのか、いなかったのか。

日本の在外公館はそもそも亡命希望者や難民への対応にどんなマニュアルを用意しているのか。

在外の外交官に領事業務の一環としての駆けこみ対策にどんな指示を下しているのか。こうした諸点はいまやいずれもきびしく点検され、追及されねばならない。

日本という国が制度的に政治亡命を受け入れていないことが在外公館の感覚を鈍くする側面もあろう。だが在外公館の不可侵の普遍性や、救いを求める人間への人道的対応は別の次元の国際常識である。

瀋陽の岡崎清総領事は事件の発生時、大連での航空機事故の対処のため、不在だった。事件後に一度、総領事館へもどったが、事件の処理にはあたらず、また大連へ行ってしまったという。

次席の西山厚領事は、四月二日から休みをとり、日本に帰国していて、これまた不在だった。事件を知って任地にもどったのは三日後の五月十一日午後だったという。いずれも今回の事件の責任は逃れられまい。

瀋陽総領事ポストは外務省でもチャイナ・スクールのノンキャリア官僚に代々、与えられてきた。しかも退職直前の古手ノンキャリアばかりである。中国側との折衝でこれほど弱い要件の外交官というのもまずいない。

チャイナ・スクールでもノンキャリアはエリートの上級職よりもさらに一段と、中国関連の勤務をさせられる頻度が高く、その年月も長い。その結果、中国側の不興《ふきょう》をかう言動は上級職に輪をかけて、極端に避けるようになる。外務省をやめても中国関連の仕事に就くことがほとんどだから、なおさら中国側との摩擦を避ける。

要するに中国側に対してもっとも弱腰にならざるをえない、ごく特殊な下級官僚の集団なのである。

二〇〇一年四月に赴任した岡崎氏も過去には広州や上海の総領事館の領事などを務め、本省では中国課勤務という中国関連一本やりの経歴である。一九四〇年生まれというから、このポストが最後だろう。中国各地のこうした総領事の人選も、明らかにこんどの事件の背後の要因になっているようだ。

ビデオに映った総領事館員の卑屈な姿は日本外交の歴史に汚辱のシンボルとして刻まれることだろう。この人物は厚生労働省からの出向官僚だという。だが総領事館勤務では外務省の管轄に組みこまれ、間違いなく日本外交官として機能していた。

そのいじけた態度はまさに瀋陽の日本総領事館全体、さらには北京の日本大使館全体の、中国側にはとにかく逆らわないという〝媚中〟の姿勢を象徴するようにみえたのだった。

〝中国当局よりも中国寄り〟の日本外交官

しかし日本の外務省の媚中傾向の伝統はその後も、中江要介元中国大使の見解表明によって、さらにいやというほど印象づけられた。朝日新聞二〇〇二年六月八日付の朝刊に載った中江氏の投稿は率直にいって、中国当局よりも中国寄りと呼べる内容だった。日本外交がこんな考えの人物にゆだねられてきたという事実は恐るべきである。

中江氏は中国語を研修したという意味のチャイナ・スクールではないが、中国への媚びはチャイナ・スクールも顔負けであろう。

中江氏はその朝日新聞への投稿でまず報道機関が瀋陽の日本総領事館の入り口でビデオ撮影をしたことがけしからんと非難する。

「人権を守るという目的のため、外交公館の目と鼻の先で公館出入者を盗み撮りするという手段は、〝目的のために手段を選ばず〟という誹《そし》りは免れ得まい」

中江氏は中国当局による外交公館不可侵の違反行為を非難せず、日本総領事館側の無能かつ非人道的な対応をも糾弾せず、もっぱら韓国や日本のマスコミが事件のビデオを撮影したことが非礼で不当だと指摘するのである。日本の元外交官とは思えない倒錯した主張だといえる。

総領事館の出入り口の領域は公道である。衆人環視の場所なのだ。中国側からも日本側からも写真撮影など禁止されてもいない。中国側のきびしい規則でさえ、だれが写真を撮ろうがまったく構わない場所なのだ。

中江氏のこの理屈、いや屁理屈《へりくつ》に従うと、防犯カメラも盗み撮りだから、けしからんということになる。報道の分野でも、ひそかに考古学の「発掘物」を遺跡に事前に植えつけていたインチキ学者の行動を毎日新聞がビデオでとらえ、大スクープを放ったが、この報道もあってはならない、ということになる。

中江氏はこの投稿でさらに「中国警察官には最初から不可侵権侵害の意図があったものとは思われない」と、根拠もないのに中国側を弁護する。

そのうえで中江氏は問題への対処として、「北朝鮮という隣国が亡命者や難民の続出する国情から速やかに脱却できるよう、同国の改革・開放に積極的に協力するという外交を推進する」ことを第一に提唱する。北朝鮮が金正日という特異な独裁者がいて、史上稀《まれ》な苛酷《かこく》な統治をしているこことが難民続出の原因なのに、中江氏は日本がその北朝鮮に協力する外交を展開せよ、というのだ。そこには日本国民の多数が北朝鮮の政府工作員に拉致《らち》された悲劇への配慮などまったくなく、もっぱら北朝鮮への支援を訴えるのだ。

中江要介という人物はどこの国の利益を考えて、意見を述べているのだろう。

こうした人物がわが外務省のアジア局長を務め、日本国の代表たる特命全権大使として北京に駐在していたのだから、過去の日本の対中外交がいかにゆがんでいたかがよくわかる。

〝媚中派〟中国大使が誕生したウラ事情

鈴木宗男議員の外務省を牛耳っての不正疑惑で、外務省本省のみならず世界各国の日本の大使館、領事館はまた激震に襲われた。

なにしろ鈴木議員の過去の不正の言動が、多数の外務省幹部たちとグロテスクにからんでいるのだから、その幹部のなかから大使や総領事に任命されてきた外交官たちも、どんな黒い過去をあばかれるかわからないわけだ。鈴木議員との異常に緊密なコネを糾弾され、更迭《こうてつ》された東郷和彦オランダ大使（元・欧州局長）は、その一例である。

しかし鈴木議員の自民党からの離党にいたる一連の流れでは、外務省に関する二つの重要な事実が見落とされていた。

一つは、外務省の官僚たちを脅し、ヘビににらまれたカエルのように操って、私益や私情で利用するという政治家は、なにも鈴木議員に限らないということである。

もう一つは、鈴木議員のあきれる言動で外務省の多数派が正義の味方になってしまった感じがあるが、実態はまったく異なり、政治家と外務官僚との癒着では、官僚の側が政治家を自己の私益に利用してきた側面も大きいという点である。

この二点の重なりあいを絵にしたようなケースとしては、元総理の橋本龍太郎議員が現中国大使の阿南惟茂氏を、ともに中国べったりの親中派同志として異様な〝抜擢《ばってき》〟をしたという実例がある。

外務省人事には珍しく七期下の中国大使が誕生

私は、橋本氏が外務省の高官人事にしきりに介入するという話を複数の外務次官を含む多数の関係者から、もう長い期間にわたって繰り返し聞いてきた。

しかもその介入は「あの男は好ましくないから、いまのポストをはずせ」とか「彼は次はあのポストに就けるな」といった、私情の強い、不合理な要求が多いのだという。

橋本氏が総理時代の一九九八年七月、高野紀元《としゆき》北米局長（現・外務審議官）を外務省研修所長という閑職に飛ばしたことは広く知られている。その理由は高野氏が国会での答弁で結果として橋本氏の親中路線にそぐわない発言をしたという無体《むたい》な懲罰だった。

高野氏は当時、日米防衛ガイドラインの適用範囲に関連して、そのガイドラインがうたう「周辺事態」が「日米安保条約が規定する極東とその周辺を概念的に超えることはない」と常識的な答弁をした。だがこの答弁だとガイドラインは地理的な概念を含み、台湾をも対象としうるとも受け取れる。だから中国が反発した。

ときの橋本首相はこの中国の反発を受けて、みずから「ガイドラインの周辺事態は地域の概念ではない」と言明し、高野発言を否定して、中国の主張にあわせてみせた。

ちなみにこの橋本解釈は次の小渕政権になって小渕恵三首相（故人）や高村《こうむら》正彦外相により事実上、否定されてしまった。小渕、高村両氏とも高野氏の答弁を追認したのだ。

だが橋本氏は高野氏を左遷した。中国への異様なまでの配慮としかいいようがない。

橋本氏がかつて中国公安当局に所属していた中国人女性と親密な交際をしていたことも周知の事実である。

橋本氏が中国との「友好」に深くかかわり、対中ＯＤＡ（政府開発援助）でも親交のあった女性を通して、中国側の望むような方向へ本来の計画を修正した形跡については、ジャーナリストの加藤昭氏らによる一連の報告にくわしい。

さて二〇〇〇年十一月、中国大使にそれまで内閣外政審議室長だった阿南氏が任命されるという人事予定が発表された。外務省内外でみながびっくりする人事だった。

というのは外務省内部では当時の中国大使だった谷野作太郎氏の後任には、オランダ大使の池田維《ただし》氏（現ブラジル大使）がなることが決まっていたからだ。外務省の従来の年功序列に従えば、この池田氏の選任というのはきわめて順当で自然な流れだった。

谷野氏は一九六〇年外務省入省のチャイナ・スクール、池田氏は六二年入省の同じくチャイナ・スクールである。しかも中国大使は各国大使のランクでも高位とされ、歴代大使とも必ず他の国で最低一回、大使ポストを経たあとに北京へと送られてきた。

ちなみに谷野氏はすでにインド大使を歴任していたし、その後任と目《もく》された池田氏もアジア局長、官房長というポストを経たあと、オランダ大使をすでに四年以上、務めていた。

ところがこの池田氏を押しのけて中国大使に任命された阿南氏は、チャイナ・スクールとはいえ、外務省の入省では池田氏より五年下の一九六七年、しかもアジア局長から内閣外政審議室長を経ただけで大使経験はなかった。前任の谷野氏からは七年も下の入省である。

チャイナ・スクールの年功序列でみれば、この池田氏と阿南氏の間にも中国大使になってておかしくない六、七人のベテラン外交官がいるわけで、外務省の年来の大使人事の基準からすれば、なにからなにまで異様な〝抜擢〟だったのだ。

一般論としては、年功序列を排した抜擢人事は大いに奨励されるべきである。だが異例の抜擢ならば、それなりに正当な理由が必要だろう。抜擢される人間が傑出した能力や実績を証したというような理由である。

ところが阿南氏の経歴にはどこを探しても、そんな「傑出」は見あたらないのだ。

私も面識があり、個人的にはやや肩ヒジをはりすぎているとはいえ、まじめそうな人物だと感じてきたが、外交官としての阿南氏には、少なくとも二つの自分なりの理由から留保を抱くようになっていた。

親中派の総理に気にいられて中国大使昇進

第一は、阿南氏がアジア局長時代、記者懇談で北朝鮮工作員による日本人拉致事件について「亡命者の証言以外に証拠がなく、亡命者の発言は信用できない」と述べ、拉致そのものに疑惑を表明したことである。

この発言は産経新聞が報道し、阿南氏は西村眞悟衆議院議員らから「亡命者証言以外にも警察の捜査などの根拠があり、外交の使命を放棄する軽率な発言」と非難された。

阿南氏のこの言辞は、北朝鮮の犯行を裏づける日本人当事者の証言が出た現在、きわめて重大、というよりも悪質な無責任発言だったことが明白となった。

第二は、阿南氏がアメリカのアトランタ総領事だった十数年前、その地元で開かれた日本外交についてのセミナーのパネル討論で述べたスピーチだった。私もパネリストとして招かれていた。

「日本のアジア外交の重要部分は、アメリカとアジア諸国とのかけ橋になることです」

阿南氏がこんな陳腐《ちんぷ》なことを述べたので、日本国総領事の外交スピーチとしてだいじょうぶかなと一瞬、危惧《きぐ》したところ、案の定、米側のパネリストで国務省高官のデセイ・アンダーソン氏からぴしりと反論が出た。

「アメリカの対アジア外交にはべつにかけ橋は要りません。私たちはアジア各国と直接やりとりする能力は十分に持っています」

自分の発言を公開の場で正面から否定された阿南氏がなにか反論するかと思ったら、なにも述べないので、がっかりしたことを覚えている。

とはいってもその阿南氏が飛び越してしまった池田氏が外交官としてどの程度、優秀なのか実は私もよくわからない。池田氏とは彼がタイの日本大使館勤務でカンボジア和平を担当していた一九八九年ごろ一度だけ会い、カンボジア情勢についての説明を受けただけの知己《ちき》だが、誠実そうな能吏《のうり》という範囲の印象だった。池田氏は同じチャイナ・スクールでも阿南氏のように中国べったりの志向はないと断言する人たちもいる。

だが外務省の複数の高官がこの二人の人事の逆転について解説してくれた。

「谷野大使の退官の見通しが確実となった二〇〇〇年十月ごろの時点では後任は池田氏ということが外務省内では内定し、大使人事を扱う当時の次官や官房長はその旨を周囲にも本人にも告げていました。ところがその人事の方針が橋本龍太郎氏に伝わると、『池田はだめだ』と強硬に反対し、阿南氏を推薦してきたのです。阿南氏は日ごろから橋本氏に接近し、中国には最大限の配慮をするという橋本氏の親中態度にぴったりの助言などをして、気にいられていたのです」

その結果、二〇〇〇年十一月には次期中国大使人事は一転し、青天のへきれきで阿南氏が選ばれてしまったというのだ。

橋本氏のような政権を握る与党のリーダーが大使人事に意見を述べること自体は問題はない。

行政機構の政治主導ということで、むしろ望ましいとさえいえよう。

だが、その場合の主導や介入はあくまで合理性や正当性に基づいてこそである。

しかし、こと対中外交に関しては、橋本氏には正当な介入の資格はない。中国公安当局と縁のあった女性と私的な交際をしたことだけで、中国問題については政治家としての言動を慎むべきである。そのうえに私的な感情や好悪を加えて中国大使人事を動かすとなると、これはもう醜聞だろう。

外務省の複数の高官たちによると、橋本氏は池田氏をとくに嫌うようにもなっていたという。その理由はおおむね次のような経緯からだというのだ。

橋本氏は天皇、皇后両陛下の二〇〇〇年五月のヨーロッパ訪問の首席随員《ずいいん》となるに際し、第二次大戦を原因とする対日悪感情がなお残るオランダで、もし元捕虜らから大規模な抗議デモなどが起きた場合、親日的なオランダ人に反日傾向を否定する〝やらせ〟記者会見を開かせる一方、隣国ベルギーに池田氏の前のオランダ駐在大使だった佐藤行雄国連大使をニューヨークからわざわざ招いて待機させ、いざという危機にはオランダに乗り込ませるという奇妙なシナリオを作った。

このシナリオはその佐藤行雄大使の進言を入れた結果だった。だがオランダ大使の池田氏がそれまでの現地対策を踏まえて、そのいずれの準備も必要ないと判断し、反対した。準備はけっきょく池田氏の意見どおりとなり、両陛下のオランダ訪問も成功裏に終わった。だが自分の支持する提案を退けられた橋本氏は池田氏を嫌うようになった――。

中国大使を誰にするかという問題とは本来なんの関係もない出来事である。だが橋本氏がこの種の理由で特定の官僚を毛嫌いするようになったケースは他にも多数、報告されている。

中国の意向をそのままの「李登輝訪日」大反対論

私は阿南氏が実際に中国大使になってから、彼がチャイナ・スクールのなかでもとくに中国当局の主張にはことさら前向きに対応する「親中派」なのだという話を聞くようになった。橋本氏の対中スタンスとはなるほどぴったりなのかと疑わざるをえなかった。

そんな私の疑いはその後、二〇〇一年四月の台湾の李登輝前総統の訪日に対する阿南中国大使の言動によって事実であることが裏づけられたといえる。

李登輝氏の訪日受け入れは当時の森喜朗首相も、後任の小泉純一郎首相も、賛成だった。だが外務省の槇田《まきた》邦彦アジア大洋州局長(現シンガポール大使)が李氏のビザ申請の有無についてウソをついてまで反対した。

このプロセスでは、北京にあった阿南大使も槇田氏と歩調をあわせる形で李登輝氏訪日への反対論を本省に向け、ぶっていたのだった。

外務省幹部らによると、阿南大使は次の趣旨を本省に伝えていた。

「もし李登輝氏訪日が実現すると、中国が反発して、日中関係は十年分ほど後退してしまう」

「李登輝氏はすでにすませたイギリス訪問では政治活動の自粛などイギリス政府に約した訪問条件を破った」

前段は、中国政府の脅しをそのままオウム返しに伝えたような「警告」だった。

だが李登輝氏がその後、実際に日本を訪れても、日中関係にそんな事態は起きなかった。

後段も中国政府の口うつしである。李氏とイギリス政府の事前の約束の詳細など阿南氏にはその時点でわかるすべはなかったはずだ。

要するに中国政府の意向をそのまま忠実に日本に伝えるという姿勢だったのである。

阿南大使のこうした態度は、当時の日本では李登輝氏迎え入れが国論に近かった事実からみると、日本国特命全権大使の資格さえ疑わせる「親中」ぶりだったといえる。

なるほど親中政治家の筆頭の橋本氏が選んだだけある、親中外交官のようなのである。いや二人とも「親中」というよりは「媚中」と呼ぶのが正確だろう。

いまの外務省がこの種の不明朗、不透明な政治家の大使人事への介入にも抵抗できないことは、鈴木宗男事件が立証してしまった。まして自民党最大派閥の親分で元総理の圧力となれば、なおさらだろう。

川口順子外相は鈴木宗男事件の事後措置として、不明朗な動きにからんだ外務省幹部たちは在外の大使でも総領事でも帰国を命じて、調査をすると言明した。

不透明な異例人事で中国大使となった阿南氏についても、彼の李登輝氏訪日問題での動きを含めて、そうした調査をすべきであろう。まして瀋陽の総領事館での事件に際しての阿南氏の一連の不適切な言動は、そうした調査の必要性をさらに高めることとなった。

第二章　9・11米中枢同時テロ直後のNYで何があったのか

救われなかった在外邦人

テロ事件後、在ニューヨーク日本総領事館の杜撰な対応に対して、在留邦人たちから怒りの声があがった（写真は日本人行方不明者の家族ら）。

悪評だらけのニューヨーク総領事館

二〇〇一年九月十一日にアメリカを襲った中枢同時テロは日本外交の欠陥をも期せずしてさらけ出してしまった。

アメリカのテロ撲滅のための軍事行動に日本が同盟国としてすぐスムーズに協力できなかったという側面もあろう。

外務大臣としては「欠陥」を絵にして歩いているような田中真紀子外相（当時）という人物がアメリカ政府から得た秘密の情報を得意げにマスコミにしゃべったという側面もあろう。

だが日本国民にとってはある意味ではそういう側面よりももっとずっと深刻な、日本外務省の欠陥が露呈したのである。

それは外務省の機能として外務省設置法第五条にもはっきりうたわれている「海外における邦人の生命、身体、および財産の保護」という活動に重大な欠陥があることだった。

簡単にいえば、外務省がその重大任務である在外日本人の保護をきちんと果たす態勢をとっていないことが判明してしまったのだ。

その元凶たる実例はニューヨークの日本総領事館である。

今回のテロへの対応ではまさに「亡国」という形容をはるかに超えるほどの無能、怠慢、傲《ごう》慢《まん》、不備など、お粗末さをみせつけてしまったのだ。

ニューヨーク総領事館は全世界にある日本の総領事館六十八のなかでも最大の規模を誇る。なにしろ全世界でも最大の海外日本人コミュニティーのニューヨーク地区を抱えているのだ。邦人としての在留届が正式に出ている日本国民の数だけでも五万八千人に達するという。

総領事館の存在理由となる領事業務では、なんといっても在留や旅行中の日本国民の生命、財産の保護が最大の任務となる。今回はそのおひざもとのニューヨーク市マンハッタンの世界貿易センターで史上空前のテロが起きたのだから、ニューヨークの日本総領事館は日本人の生命の保護のために、まさに存在の価値を問われたわけである。

だが総領事館は邦人の保護という最大の責務にはまったくだらしのない対応しかみせなかった。

テロの直後から、ニューヨークの日本人社会ではこの日本総領事館への怒りや不満がものすごい勢いで高まった。その一端を聞いただけでも、日本の国会で特別調査をすべきだと感じるほど、総領事館の欠陥は重大に思える。

ふつう一般の国民が官庁などへの苦情を述べる場合、マスコミに対してはその本人が実名や肩書を出さないよう求めることが多い。

だがこの総領事館非難では自分の身許を公式に明らかにしても構わないから、なんとか一言、述べておくべきだという人が続出していたのだった。

それほどニューヨークの日本総領事館の評判は悪いのである。

「区役所よりひどい……」NY在住者の実名告発

総領事館の今回のテロへの対応はめちゃめちゃだったが、すでにそれ以前から在留日本人の間では酷評が定着していた。

テロ事件のつい直前まで三年半ニューヨークに在勤した「読売アメリカ」社の石川弘修《ひろのぶ》前社長が語る。

「とにかく本来、保護や世話をすべき日本国民への応対が信じられないほど悪いのです。サービス精神の欠如は木で鼻をくくる、というどころではない。窓口の職員が一般の日本人に応じる態度は日本の公共機関のそれとしては最悪だといえます。私自身も最近、在外選挙の投票の登録に出かけて、登録用紙をもらうために窓口の一つの行列に並んだのですが、実はその窓口では登録用紙は渡していなかった。係員たちは私たちが『まず登録用紙をもらって――』などと口にしているのを聞いていて、まちがった列に並んでいることを当然、わかっているのになにもいわない。登録用紙はオフィス内の別の場所においてあるのに、それも知らせてくれない。こちらは長い時間を無駄にして、立ちんぼをつづけたわけです。一事が万事、こんなぐあいなのです」

ちなみに石川氏が社長を務めた「読売アメリカ」は読売新聞のアメリカの現地法人で、石川氏は読売新聞のヨーロッパやアメリカでの特派員から、外報部長、編集総務などを歴任したベテランのジャーナリストである。その言葉は単なる役所仕事への自己中心の苦情ではなく、日本国内はもちろん世界各地での体験を踏まえての客観的評価だといえよう。

石川氏はさらに次のような経験や考察をも明らかにした。

▽ロスアンジェルスから出張してきた日本人社員がニューヨークで金曜日に財布をなくし、旅券その他の再発行が緊急に必要になったが、その種の手続きに責任を有する総領事館は午後から週末の休みに入り、まったく役に立たなかった。

▽総領事館の月曜から金曜まで午前午後各二時間半のみという窓口業務オープンのシステムはフルタイムで働いている在留邦人のニーズにあわない。旅行者がトラブルにあうのも週末が多く、緊急の必要にも対応できない構造

在ニューヨーク総領事館は、マンハッタンの中心、パーク・アヴェニューに面したこのビルの18階にある。

になっている。
▽総領事館職員は杓子《しゃくし》定規の対応のみで、困っている人を助けるというような姿勢はゼロ、明らかに外務省全体としての領事業務への改善のための訓練や配慮が感じられない。
このような指摘をする石川氏は久しぶりに日本でまた暮らすようになって、地元の区役所のサービスとニューヨーク総領事館のサービスとの天と地とのようなギャップにびっくりしたという。

「私は数年ぶりで東京の池袋での生活にもどったのですが、地元の豊島区役所のサービスの向上には感嘆しました。住民の福祉優先ということで、週末にも窓口を開けているし、簡単な区役所での手続きは近所の民間の店舗でもできるようになっている。ニューヨーク総領事館とはあまりの違いで、外務省は東京都から学べといいたくなります」

「肉親の不幸」も「勝手な都合」と一蹴

一方、ニューヨークではマンハッタン在住十数年の翻訳家の田村明子氏も総領事館への不満を「ぜひ数多くの人に知らせてください」と注文しながら、ぶちまける。

「私は数年前、肉親の不幸で日本へ急に帰らねばならなくなったところ、パスポートが期限切れになりそうなことに気づきました。で、総領事館に電話をかけ、事情を説明して出発前に緊急に更新できるかどうかを聞くと、ショッキングなことに相手の女性は『あなたのほうの勝手な都合でそんなことはできない』と冷たく拒むのです。肉親の死も『勝手な都合』といわれ、『失礼ですが、あなた様のお名前は』とたずねると、『セキュリティー（警備）上、教えられない』と断わられました」

田村氏によれば、ニューヨーク在住期間の長い日本人の間では総領事館の悪評は徹底しており、とにかく必要以上に接触しないですませることが最善とされている。

とくに窓口の職員の対応の悪さはひどく、国民のために公共の任務にあたっているという自覚は皆無としか思えないという。

田村氏は総領事館の休みの長さをも指摘した。表向きはアメリカの休祭日と天皇誕生日だけが休みとなっているが、実際には、

「日米の休祭日の両方とも休んでいるようなのです。しかもその休みのとり方が一般には事前にわからないのがさらに困るのです。やはり数年前の十二月にひどい体験をしました」

田村氏はパスポートを記載変更のために総領事館に提出し、十二月のクリスマスの数日前に、もう手続きが終わっただろうと思って、連絡をとると、すでに総領事館はクリスマス休みで閉まっていたというのだ。その休みは日本の年末年始の休みにつながるため、年が明けないと自分のパスポートは回収できないことになった。だが年末にはメキシコへの出張を決めていたため、パニックに陥った。パスポートがなければ、アメリカ国外に出られないからだ。

「電話をいろいろかけて、やっと総領事館の代表に事情を説明し、パスポートの返還を必死で

請い願ったのですが、だめでした。そのときの答えは『人間の生命にかかわる案件でなければ、休日期間の緊急の要請には応じられない』という趣旨でした」

ニューヨークの総領事館の従来からの悪評とは、ざっとこんな調子だったのである。それが九月十一日のテロへの対応でさらに何倍も悪評を高めてしまったのだ。

最優先の邦人の安否確認もなされず

総領事館のテロへの対応のまずさに対する非難はいろいろある。

非難を受けた欠陥機能ぶりの具体的な内容については、日本の各大手新聞でも断続的に伝えられた。経済誌『日経ビジネス』の二〇〇一年十月一日号と十月二十二日号でも詳しく報道された。さらにニューヨークの日本ビジネス社会を対象に発行されている日本語の経済新聞『USフロントライン』でも十一月五日号と十一月二十日号で論評されている。

『日経ビジネス』の二つの記事は同誌の酒井耕一ニューヨーク支局長の執筆で「ニューヨーク総領事館、テロ事件でみせた心なき対応」とか「日本人保護より大臣接待が大切」という見出しのくわしい報道、論評だった。

『USフロントライン』の二つの記事は同紙の藤原龍編集長によって書かれ、内容は具体的な事例の報告と、手厳しい批判となっている。

藤原、酒井両氏ともニューヨークを拠点に連日、活動するジャーナリストで、地元の各層の日本人と直接に接触する立場にある。その報告は注視に値しよう。

以下、これらの記事を基礎に私自身がニューヨーク在住の知人から聞いた情報をも加えて、日本総領事館はテロの際にいったいどんな活動ぶりをみせたのか、みせなかったのか、を追ってみよう。

総領事館の対応で最大の非難の的とされるのは、世界貿易センターへの旅客機の突入という前代未聞のテロ攻撃で多数の犠牲者が出た直後、日本人の安否の確認をきちんとせず、その後の長い期間も徹底した調査はしなかったとみられることである。

世界貿易センター内には富士銀行（現みずほ銀行）や西日本銀行のオフィスがあり、そこで働いていた日本人行員ら二十二人が行方不明とみられたことは、総領事館からも当初、公表された。だがこの人数は日本の大手企業である富士銀行などからの報告にすぎず、総領事館は自主的な調査はほとんどしていないようなのだ。

中小の日系企業や現地半永住の日本人、あるいは日本人旅行者がたまたま世界貿易センターの内外にいて、被害にあったかどうかなど、総領事館はかんじんな点をきちんと調べていない、とされるのである。

『日経ビジネス』の記事が肌寒い実態を伝える。

「貿易センターやその周辺には日本の金融機関以外にも、外資系金融機関や日本食レストラン、また日本語ビデオの配達員や学生など多くの日本人がいた」

「だが日本総領事館の河村武和総領事は銀行員ら大企業社員の安否確認は会社側に頼り、中小企業や組織に属さない個人らの安否確認には手が回っていない」

総領事館には少なくとも日本人五万八千人分の在留届が出ており、その情報を基礎に、電話でも電子メールでもファックスでも、あるいは口コミでも、安否の確認はできるはずだ。だがその義務を果たしている形跡がない。

総領事館内の広報センター所長の越川和彦氏は同誌の取材に対し「在留届をめくって、安否確認をしている」と言明している。だがそれはどうもしらじらしいウソのようなのだ。

というのは『日経ビジネス』の取材では、貿易センターにテロ発生当時、出入りしていた日本人や日系中小企業は総領事館からの安否確認のための連絡などまったく受けていないからである。これら日本人や日系企業こそ、総領事館からの調査をもっとも早く受けるべき対象なのだ。

日本総領事館からの安否確認のための連絡などまったく受けていないと断言するのは、貿易センターで弁当の販売をしていたフジ・ケイタリングの張久平社長、貿易センター内に日本語ビデオを配達していたニュートック・ビデオの福井正道社長、貿易センター内に日本食レストランを出していたヨネハマ・インクの武藤廣二運営部長らである。

さてニューヨーク日本総領事館のテロへの対応に対する非難の種はまだまだほかにもあるのだが、ここまでみただけでも職務の怠慢は明白だといえる。

そもそもニューヨーク日本総領事館とはなんなのか。その責任者の総領事とか領事とはどんな人物たちなのか。

総領事館はマンハッタンの中心も中心、花のパーク街の豪華なビルの階上にある。

テロ事件当時の総領事、河村武和氏は一九九九年七月にこのポストに就くまでは、外務省の儀典長だった。儀典長とは日本を訪れる外国からの賓客《ひんきゃく》をもてなす職である。外国の王族、大統領、首相などＶＩＰを丁重にもてなす接待の元締めである。

ニューヨークに住む平均的な日本人の安全を気づかうことからはおよそ縁の遠い職務だったといえよう。

9・11後に総領事公邸から「日の丸」が消えた

わが日本外務省のニューヨーク総領事館についてさらに多くの日本人関係者に聞けば聞くほど、その評判は当初、知らされていたよりまたずっと悪いことがわかってきた。

二〇〇一年九月十一日の世界貿易センタービルのテロ攻撃にともなう邦人保護の責務を怠《おこた》ったことへの非難は広がるばかりのようなのである。

「総領事館の人たちにはこれまでの言動パターンから判断する限り、在留の日本人の安全を本当に心配するなどという心構えはまったく感じられませんね。危機に際しての邦人保護はもちろんのこと、安否確認というような基本の作業まで訓練を受けてきた係官は、そもそもいないでしょう」

ニューヨークを拠点とする日本語の経済新聞『USフロントライン』の藤原龍編集長は語る。

藤原氏は同紙の自分のコラムでもロスアンジェルスの日本総領事館への批判までを含めて、次のように指摘していた。

「在米日本人からすると、今回のテロ事件のように、なにかあったときの安全対策や必要な情報の提供は領事館の役目の一つだが、この点についてはニューヨーク総領事館がまったく無策無能であることをはしなくも露呈した」

「本当に危険なときは、領事館の人たちが先に姿を消すと思う。現にテロの日に、ロスの日本総領事館はいち早く避難し、かなり長い間、誰もつかまえられなかったというにわかに信じ難い話を筆者の知人が語っていた」

今回のテロが起きたときにたまたまワシントンを訪れていて、現地の実情にも触れた石原慎太郎東京都知事までがニューヨーク総領事館を酷評していた。

「けしからんのは、ニューヨークの総領事館がもっと多くの日本人が亡くなっていることを隠していることです。世界貿易センタービルのなかに事務所をかまえていた日本企業の社員以外について掌握しようともしていない。怠慢な話で、なんのために在外公館があるのか。日本人が多いから総領事館を置いているのに、そんなとき一向に働かない」

月刊誌『ＶＯＩＣＥ』（二〇〇一年十二月号）での京都大学の中西輝政教授との対談での非難だった。ニューヨーク総領事館がいかに悪名を日本国内にまでとどろかせているかの一例である。

要するにニューヨークの日本総領事館は領事館の第一の任務であるはずの「海外における邦人の生命、身体の保護」を九月十一日の地元ニューヨークでの大テロで生じた、あるいは生じたかもしれない日本人の被害への対応責務としてきちんと果たしていない、というわけだ。

安否確認は「大企業」「駐在員」中心

ニューヨーク総領事館はたしかにテロ事件での日本人被害者については、富士銀行のような日本の大企業の社員の安否は企業側からの報告をそのまま公表した以外、安否を危ぶまれるその他の現地の邦人の消息については日本のマスコミにも発表をしていない。

総領事館が日本人保護の基本となる安否確認の調査さえ十分にしていないことは多数の日本人関係者の証言からすでに裏づけられている。ニューヨークの地元の中小の日系企業の社員や、個人の資格で長期滞在している日本人への配慮が大企業駐在員への関心とくらべて、ずっと少ないという姿勢が指摘される。

ニューヨーク在住五年半の中小企業の日本人社員が語った。

「今回のテロの被害者の発表でも、日本総領事館は同じ日本企業所属の人たちの名を出すのに、いちいちこの人は日本から送られてきた『駐在員』、この人はアメリカでの『現地採用』と、身分の区別をことさら明確にして公表しているのです。日本の大企業本社にばかり顔を向け、現地の長期滞在者をみくだすという傲慢な態度を露骨にしたわけです」

総領事館では越川和彦領事（同総領事館広報センター所長）が「在留届をめぐって、安否を確認している」と述べるように、これまで提出された日本人の在留届五万八千人分の書類の情報をもとに邦人の保護や安否の調査に着手したような態度をみせている。

だがこの在留届というのも、現時点での資料としてはまったくのデタラメだと明かす日本人関係者がいる。

「要するに、これまでの何年もの間にニューヨーク総領事館に在留届を出した日本人の数が五万八千人に達したというだけなのです。ではそのうちいま何人がニューヨーク地区に在住しているのかは、まったく不明です。在留届を出さない在留邦人が何人いるかも不明です。五万八千人のうちの大多数はもうすでにアメリカを離れてしまったかもしれません。帰国する際に総領事館にわざわざ報告する日本人というのもまずいません。だからテロの事後対策で総領事館側が公称する『五万八千人の在留届』というのは、まったく無意味なのです」

ニューヨーク総領事館が管轄するニューヨーク、ニュージャージー、コネチカット三州だけをざっとみても、日本の企業などの諸機関から派遣されてきた駐在員とその家族をあわせて六、七万人とみられ、さらに留学生や長期滞在、個人での渡米などを加えると、十万近くにも達する。

このうち総領事館が実際につかんでいる人数もじつは不明だというのである。

だからテロにあったかもしれない日本人の安否を確認することなど、不可能に近くなってくるのだろう。そもそも在留届の情報はコンピュータ入力もされていないというのだ。

この点、ワシントンの日本大使館領事部は意外なことに対照的だった。在留届の出ている日本人すべてに直接、電話や電子メールで連絡をして、安否を調べたというからだ。実際にワシントン市内に住む私にもテロのすぐ後に電話があったし、周囲の日本人たちもすべて領事部からの問いあわせを受けたといっていた。

邦人を門前払いした総領事館に存在理由はあるか

もっとも、ワシントンの日本大使館領事部が担当するのはワシントン首都特別区とメリーランド、バージニア両州で在留届を出している日本人一万人ほどだから、対象はニューヨークよりはずっと少数である。

さらにニューヨーク総領事館側への公正を期すために書くならば、在留届を出すことは日本人在住者側の責任である。本来、出すことが義務づけられているのだが、出さなくても罰則もなく、なにも起きない。

そもそも日本人がたとえ会社の命令とはいえ、日本を離れ、外国に住むというのは、あくまでも個人の意思に基づく行動である。外国にいってからの自分の身に起きる出来事に対しては、基本的には自分で責任を負うという心構えの人が多いだろう。

私も長年、外国に住んでいて、自分個人の生活に関して日本の大使館や領事館に頼らねばならなかったことは、ほとんどない。ベトナム戦争の最終段階で北ベトナム軍大部隊が怒濤《どとう》のように進撃してきたサイゴン(現ホーチミン市)での危機への対処でも、日本大使館の助けは借りないですんだ。

私の場合、たまたま日本の新聞社という後ろ盾があったことや、現地の実情に精通した親しい人たちが身近にいたこと、さらにはベトナム戦争では外国特派員の安全確保の相談に応じたアメリカ当局の協力が大きかった。

しかしまったくの個人で動く一般日本人が勝手のわからない外国でトラブルに遭遇すれば、まず当てにするのは日本の領事館や大使館だろう。

そもそも日本国民を助けるためにこそ、それら在外公館は存在するのだ。

まして短期の旅行者の場合、外国で事故や病気に襲われれば、日本領事館に頼るのはもっとも自然である。

ところがニューヨークの日本総領事館はこんどのテロ直後、そんな基本的な面でも公務を怠ったとされるのだ。このへんの信じられないような実態は、先述した『日経ビジネス』の酒井耕一ニューヨーク支局長が同誌でくわしく伝えている。

総領事館は――

▽テロ直後、助けを求めてくる日本人旅行者を館内に入れなかった（神奈川大学の斎藤実教授らは入館を拒まれた）。

▽日本人からの電話での問いあわせにも横柄で冷淡な対応だった（留学生の鈴木由紀子氏が避難について電話で相談すると「こちらは知らない」と断わられた）。

▽市内の大ホテルに「テロ対策本部」を開いたが、「関係者以外は立ち入り禁止」の張り紙を出し、一般日本人の立ち寄りを禁じた。

▽主要日本企業事務所あてにテロ発生二週間後に被害を問いあわせる手紙を出したが、その冒頭に「時下ますますご清栄のこととお喜び申し上げます」という非常識な挨拶《あいさつ》を書き、惨劇のショックから立ち直っていない在留邦人を怒らせた。

――というのである。

こうした「罪状」のなかでもテロという突然の危機にどうしてよいかわからず、助けを求めてきた日本国民に対し、冷たい仕打ちをとったことは最悪だろう。総領事館のそもそもの存在理由を否定することになるからだ。

この悪名高きニューヨーク総領事館の責任者だったのは河村武和氏というキャリア外交官である。先に述べたように、河村氏はこのポストに就くまでは外務省儀典長だった。儀典長というのは外国のＶＩＰの接待係である。

ニューヨークではテロ事件後、ルドルフ・ジュリアーニ市長（当時）が事件の現場に繰り返し足を運び、犠牲者たちの遺体に直接、弔意《ちょうい》を捧《ささ》げ、遺族たちと何度も面談している。

ところが河村総領事が事件後、地元の日本人社会に足を運んで、テロに関連して直接に事情を聞いたり、慰めたり、対策を協議したり、という動きをとった形跡はない。

一般人の安否より要人への接待に精を出す

『日経ビジネス』の酒井支局長の報道では、河村総領事は事件から五日後の九月十六日、地元の日本語ラジオ放送に初めて出て「行方不明者を一生懸命に探す」と述べたとはいえ、あとのほとんどは「科学技術担当の尾身幸次大臣がきてくださいました」とか「外務省の山口泰明大臣政務官がこられます」とか、日本の政治家の動向について語るばかりで、在留邦人への安全や安心を呼びかける言葉はまず発しなかったという。

河村総領事は九月二十四日、小泉純一郎首相がニューヨークを訪れ、ジュリアーニ市長らと記者会見した際には、発言をする役割はまったくないのに日本政府要人の端に並んで壇上に立っていた。

地元では河村氏が一般の在留邦人の前には顔を出さないのに、VIPには異様なほどの熱意で擦り寄るという悪評しきりだという。

河村氏はニューヨークでも総領事ではなく、儀典長を務めていたのだろうか。

その河村氏が住んでいたニューヨーク総領事公邸はマンハッタンでもアッパー・イーストと称される高級住宅地域に五階建ての威容を誇る。白っぽい花崗岩《かこうがん》のような外壁の、城のような建物で、一階のドアを入ると、広大な応接サロンやホームバーが広がる。ゆったりとしたらせん階段をあがると、二階には豪華なダイニングルームが風格ある家具に飾られているという。

河村氏がこんな五階建ての豪邸に住むのも、ひとえに日本国の代表としてニューヨーク駐在の公務を果たす使命を与えられているからである。

ところがその公務の最重要部分の在留邦人の保護を明らかに怠っているのだ。

この総領事公邸の玄関前にはこれまで日の丸の旗が掲げられていた。ところがテロが起きて十日ほどが過ぎると、いつのまにかその日本の国旗は消えてしまったという。

あえて国旗の掲揚をやめたのは、テロ事件の影響を受けて、数々のトラブルに遭遇した日本人が困惑し、相談のために駆け込んでくるのを避けるためなのだ、という説がもっぱら有力である。

ニューヨーク総領事の公邸は、高級住宅街アッパー・イーストにある5階建ての豪邸。

もしこの理由が本当だとすれば、本末転倒もきわまれり、テロのようなときこそ、日本政府のプレゼンスを大きく宣伝し、日の丸の旗を高く掲げて、日本国民のできるだけ多くに利用してもらおうとすべきなのが総領事館であり、総領事公邸であろう。

なのにその日の丸の旗を日本国民の目からこそこそと隠してしまったのだとすれば、いったいどこの国の在外公館かと問いたくなる。

反論

領事移住部「我々は全力を尽くした」

［編集部注］ニューヨーク総領事館の対応を批判する記事を『ＳＡＰＩＯ』誌に連載中の二〇〇二年二月中旬、外務省領事移住部の前審議官より反論の書簡を受けとった。以下、その反論とともに、これに対する古森氏の再反論も併載する。

古森　義久様

平素より、外務省とりわけ領事業務に御関心をお寄せ頂きまして有り難うございます。

さて、「ＳＡＰＩＯ」誌12月19日号及び新年合併号に掲載されております在ニュー・ヨーク総領事館（以下、単に「総領事館」と記します）に関する記事を注意深く拝読しました。私は、昨年九月に米国で発生した同時多発テロ事件の当時、外務省領事移住部審議官の職にありましたので、山口大臣政務官（当時）を長とする応援部隊の一員として空港再開後の第一便でニュー・ヨーク（ＮＹ）に飛び、現地対策本部副本部長として数週間滞在して事件への対応に当たりました。そして、その間に仕事を共にした総領事館員の不眠不休の働きぶりには、職務として当然のこととはいえ強い感銘を受けました。

このような私自身の経験に照らせば、貴殿の御批判には相当の違和感を禁じ得ません。この記事は総領事館が平素より在留邦人の間で悪評を得ており、それが今回のテロ事件でも如実に現れたとしていますが、残念ながらその根拠のほとんどは第三者の体験談で、それを元に一気に一般化した結論に至る、という手法をとっておられます。このような明確な結論を出されたいのであれば、伝聞に頼るのではなく、自ら事実関係を確認する地道な調査をしていただきたかったと思います。以下、御指摘いただいた点のいくつかについて当方として調査しました結果を申し述べます。よろしければ、ＳＡＰＩＯ誌の読者の皆様にも提供していただければ幸いに存じます。

まず、貴殿はＮＹ在住者の証言を引用して、総領事館があたかも日米の休日を全て休んでいるかのように述べておられます。事実を申しますと、在外公館の休館日は、国家公務員勤務時間法に基づき、我が国の「行政機関の休日」の日数と同じになるよう各国・地域ごとの事情を勘案して定められています。実際に、総領事館の休館日は平成13年は合計15日、平成14年は16日であり、いずれも定められた範囲内であり、かつ、現地の在留邦人の方々の利便性を考えて、可能な限り米国の休日に合わせて決められています。例えば、日本のゴールデン・ウイークには総領事館は開いており、休日の二重取りということは決してありません。また、この事実は総領事館のホームページ等でも公表されております。

次に、ロス・アンジェルスからＮＹに出張してきた日本人が旅券を紛失したため再発行手続をとろうとしたが、金曜日の午後にもかかわらず総領事館が休館していたとの事例が紹介されています。この方は米国国内からの出張であったため当初より旅券を所持しておらず、御本人が総領事館に依頼してきたのは旅券の再発給のような緊急を要することではありませんでした。

また、総領事館に初めて連絡してこられた時には、既に閉館時間を過ぎていました。その後、御本人の上司に当たる方から館員の自宅に電話にて協力要請があり、館員が然るべき助言を与えたところ、協力要請をしてきた方からは、御本人の不注意を詫びるとともに、総領事館の対応に対する謝意表明があったことも申し添えます。

また、総領事館が、テロ直後に助けを求めてくる日本人旅行者を館内に入れなかったと批判されていますが、これについての正確な事実関係は次の通りです。総領事館の事務所は42階建てビルの18階及び19階にありますが、事件以来、追加テロ防止の観点からビルへの立ち入り規制が実施され、ビル内の事務所を訪問する者はすべて当該事務所の職員が1階ロビーまで出迎えない限り入館出来なくなっていました。この事態に対処するため、総領事館は1階ロビーに館員あるいは現地職員を常時配置して、同館訪問者に対し文書に取りまとめた情報を提供すると共に、必要に応じて事務所まで案内してお話を伺う、といったような対応をとり、訪問者への利便を図りました。こうした事情により、総領事館を訪問された方々の中にはあるいは入館を拒否されたという印象を持たれた方もいらっしゃるかもしれませんが、これはビル管理者の意向であったことを御理解いただきたいと思います。

一方、在ロス・アンジェルス総領事館については、9月11日のテロ事件発生当日に同館がいち早く避難し、かなり長い間同館への連絡が取れなかったと書かれています。確かに同館は、テロ直後、同館が入居しているビルが保安上の観点から閉鎖されたため、やむなく近隣のホテルに臨時事務所を開設しました。しかし、同館に電話された方には臨時事務所の連絡先を録音テープで案内しておりましたし、翌12日には元の事務所に戻って通常業務を再開しております。

更に、9月のテロ事件に際して、大企業に属さない日本人の安否確認を怠ったとの御指摘があります。当時、ワールド・トレード・センタ－内に事務所のあった日本企業については比較的早期に被害の実態を把握できましたが、それ以外の邦人関係者につきましてもあらゆる手段を使って安否確認の作業に全力を尽くし、1件1件確信の持てる結論に達するまで調査を行った次第です。

在留届は、このような呼びかけ等に応じて寄せられた照会に対する調査・確認作業の際に最大限活用しております。総領事館に提出された在留届に記載されている連絡先へ当方より安否照会をする作業も、5万件余の全てをカバ－することはできませんでしたが、ワ－ルド・トレ－ド・センタ－近辺に住所をお持ちの方を中心にできる限り行いました。以上の通り、私共としましてはあの時点でとりうる全ての手を尽くして安否確認作業を行った次第で、手抜きをしたと言われるのは誠に心外です。なお、この場をお借りして恐縮ですが、ご指摘の通り在留届の提出が必ずしも徹底されていないのは事実ですので、海外に3か月以上お住まいの方には是非とも在留届を御提出頂くよう呼びかけております。これは、旅券法という法律で決められた国民の法的な義務です。外務省では本省及び在外公館を通じて在留届の提出を促す広報を行っているほか、提出を受けた後にも日本人会や日系企業団体を通じた確認、郵便による在留確認等により可能な範囲で追跡調査を行い、帰国その他の事由により当該在外公館の領事管轄区域外に退去したことが確実と思われる方については然るべくデータ処理を行っています。もちろん、その前提として全ての提出された在留届のデータはコンピュータ入力されており、在外選挙をはじめとした在外公館の各種事務に活用しております。この点についても貴殿のご指摘は事実に反します。

この件に関連して貴殿は、総領事館が、今回のテロ事件で被害に遭った日本企業関係者の発表に際してことさら「駐在員」「現地採用」という身分の区別を明確にしていたのは、大企業に所属せず、個人の資格で長期滞在している邦人を見下すという傲慢な態度を露骨にしたものではないかと結論付けておられます。私共がこのような区分をした背景には、各企業とも派遣職員と現地採用職員では人事管理システムが全く異なっており、殆《ほとん》どの企業では現地採用職員を国籍別に管理しておらず、日本人か否かを特定するのに時間がかかった、ということがあります。また、現地に定着しておられる方々と本邦に本拠を持っておられる方々とは自ら御家族への連絡方法等で異なったやり方をとらねばなりません。このような便宜的な理由があったために区分をしたのですが、これが何故差別ということになってしまうのか私には理解できません。

最後に、河村総領事（当時）の対応に関連して御指摘いただいた点についてです。まず、河村総領事がテロ事件後に地元日本人社会に足を運んで、事情を聞いたり慰めたりした形跡がないとの件ですが、河村総領事は事件発生直後より現地対策本部において各種の対応を行っていたばかりでなく邦人行方不明者や企業関係者との会合、追悼式典への出席や家族等の空港での迎え、邦人ボランティアへの面会等には特に優先的に時間を割いております。日本クラブ、商工会議所等の邦人団体への状況説明、意見聴取も少なくとも3回実施しています。また、河村総領事の発言の殆どは日本の政治家の動向についてであり、在留邦人への安全や安心を呼びかける言葉はまず発しなかったとか、小泉総理がジュリアーニNY市長らと記者会見した際には、発言する役割は全くないのに日本政府要人の端に並んで壇上に立っていたとの御指摘についてですが、河村総領事は、総領事館のみならず政府をあげて本件に対処していることを御理解いただくために尾身大臣や山口外務大臣政務官の活躍振りについて言及したものです．また、記者会見の際壇上の端に並んだのは、会見をとり仕切ったNY市の儀典長より河村総領事にも安倍官房副長官や山口政務官とともに総理を取り囲んで立つようにとの要望があったのに応じたものに過ぎません。

ほかに、総領事公邸玄関に掲揚されていた日の丸がテロから10日後に消えてしまったのはトラブルに遭遇して困惑した日本人が駆け込んで来るのを避けるためだ、との記述もありますが、これは明白な事実誤認です。総領事公邸においては警備上の理由で何年も前から国旗を掲げておりません。

以上の他にも色々と御指摘をいただきました。それらについても調査致しましたが長くなりますので、これ以上申しません。中には確かに当方として至らざるところもあり、そのような御指摘については今後とも謙虚に耳を傾けていかなければならないと思っておりますが、今回の古森様の議論は私共の努力を全面的に否定しようとするもので余りにも一方的と言わざるをえません。やはりここは私共の言い分も聞いていただき、読者の皆様にも公平な御判断を仰ぎたいと思い、あえて筆をとることとした次第です。

平成14年2月20日

内閣府遺棄化学兵器処理担当室長

岩谷滋雄

再反論

NY総領事館「反論」へのさらなる疑問

私のニューヨーク総領事館についての報告に対する内閣府遺棄化学兵器処理担当室長の岩谷滋雄氏からの書簡を『SAPIO』編集部を経て受け取ったときは、なんとも奇異に感じた。

遺棄化学兵器処理とは、私も北京に駐在していたから知っているのだが、中国の東北部などに旧日本軍が残したとされる化学兵器の処理のことである。そんな任務の責任者がなぜニューヨークでの邦人保護について私の報告への抗議の形でいろいろ論じるのかと、いぶかったのだ。

だが書簡の冒頭を読み、ちょっと考えてすぐ実情がわかった。そしてその奇異さにこそ私がこうした形で外務省のあり方への批判を提起してきたそもそもの理由があるのだと感じ、へんに慰められた。岩谷氏は二〇〇一年九月のアメリカでのテロの時点で外務省領事移住部の審議官という同部ナンバー2の地位にあり、ニューヨークにも出張していたので、その時点で領事移住部が管轄する総領事館の行動に責任があるとされ、こうした書簡を書く役を負わされたのだろう。

だが岩谷氏はいまは領事業務とはあまりにかけ離れた中国の遺棄化学兵器の処理にあたっている。外務省の人事はこれほど気まぐれなのである。化学兵器のことを考えながら、こんな書簡を書かされる岩谷氏には個人的につい同情を感じてしまう。

さて書簡の内容は全体として外務省にとって都合の悪い点を避け、都合のよさそうな点だけをやたらに拡大しているため、個々に反論することはさほど意味がない。

だがあえていくつか述べるならば、まず岩谷氏がいう「根拠のほとんどが第三者の体験談」という点に対しては、私はほとんどがニューヨーク総領事館と直接に接した第一当事者から聞いた話を伝えたことを強調したい。

直接の当事者の体験を伝えることが「第三者の体験談」で、信用できないというならば、岩谷氏自身も問題がもっとも深刻だった二〇〇一年九月十一日の当日には現地にいなかったわけで、この書簡も「根拠のほとんどが第三者の体験談」以下になってしまう。

九月十一日に総領事館に助けを求めた日本人が館内に入れてもらえなかったことは岩谷氏もほぼ認めている。だがそれは「ビル管理者の意向であったことを御理解いただきたい」といっても通用はしない。助けを求めて拒まれた側には結果は同じだからだ。

総領事館の邦人の安否確認の不備や河村武和総領事の職務の不完全履行については、私は文中で何度も明確にしたように、現地にいた『日経ビジネス』誌の酒井耕一ニューヨーク支局長の報道を引用させてもらった。自分なりに確かめて、酒井氏本人に質問し、関係者にもあたって、信頼できる報道と判断したからである。

その報道は安否確認や在留届の扱いに不備があったことを、その影響を受けた人たちの実名と証言を具体的にあげて伝えていた。

岩谷氏はこの具体性に対し「あの時点でとりうる全ての手を尽くして安否確認作業を行った」という程度の表現でしか応じておらず、すれ違いである。

たとえば在留届のデータをコンピュータに入力したというのならば、在留届を出した人たちへの連絡もコンピュータでなされたのか。この回答はない。日系の中小企業への安否確認がなされていないことも実際の当事者が証言している。

岩谷氏は、日本の大企業の従業員について「駐在員」と「現地採用」を分けて発表したことを批判した私に対して、前者と後者では連絡方法や国籍特定が違うからだと反論している。だがその区分はたとえ必要だとしても、あくまで安否確認のプロセスであり、結果としてはそんな身分の差を肩書のようにあえて表記する必要があるはずがない。

さらに岩谷氏は総領事公邸では従来から日本国旗は掲げていないというが、『日経ビジネス』二〇〇一年十月一日号の記事に付されたニューヨーク総領事公邸の写真には日の丸の旗がへんぽんとひるがえっている。

公邸の「警備上の理由」で国旗掲揚をやめるという発想には、テロ直後に困惑していた在留邦人保護という視点が完全に欠落している。

領事業務とは無縁の経歴を持つ「領事」たち

ニューヨークの日本総領事館の職務怠慢ぶりをこれまで伝えてきた。現地の日本人を保護することを最大の目的として存在しながら、その目的を果たさないという無責任ぶりをさまざまな実例から報告してきた。

ではこのニューヨーク総領事館とはいったいなんなのか。いったいどんな人間がその総領事館を構成しているのか。

その組織を構成する面々に光をあてると、なんとも奇怪な伏魔殿のような実態が浮かびあがる。

総領事館の代表だった河村武和総領事が、ニューヨークにくるまでは外務省でＶＩＰを接待する儀典長だったことはすでに述べた。赴任したのが一九九九年夏だから、二〇〇一年九月十一日の歴史的な大テロの時点ですでに二年以上ニューヨークに在勤していた。その総領事が、日本人保護という本来の任務に対して杜撰《ずさん》をきわめる態度をみせたのだから、次の人事ではどんな処遇を受けるのか、外務省の信賞必罰をじっくりと拝見したいところだと思っていたら、河村氏は二〇〇二年春、イラン駐在大使に任命された。それほどの栄転ではないが、「罰」の人事でもない。わが外務省はやはり身内を常にかばい、責任の追及を明確にしないのである。

総領事なのに「大使」と呼ばせる習慣

そもそも河村氏は儀典長の前は約二年間、軍備管理・科学審議官を務めていた。その以前の一年半ほどはパリ駐在のフランス特命全権公使だった。さらにその前の二年ほどはフランス駐在のふつうの公使、その前は東京の本省の大臣官房というところに勤務している。さらにさかのぼると、ベルギー大使館参事官というポストにあった。

ニューヨーク在勤だった河村総領事の経歴をこうして二十年以上も過去へとたどっていっても、ニューヨーク総領事というポストの最大任務である領事業務の経験はどこにも出てこない。任地国のアメリカとのかかわりもない。あえて専門をあげれば、ヨーロッパとなる。専門の外国語はフランス語である。こうした人物のニューヨーク総領事勤務というのはわが外務省お得意の年功序列、エスカレーター人事の典型なのである。

要するにニューヨークをなにも知らない官僚が突然、定期人事異動のパラシュートで、まったくの別世界からエイリアンのようにマンハッタンのどまんなかに降り立ってくるのだ。まさに〝不適材不適所〟のシンボルである。

河村氏が長となったニューヨーク総領事館の九月十一日のテロ以後の在留日本人への、これまで詳述してきた対応がその不適材不適所ぶりをいやというほど立証してしまった。

全世界でも最大の海外日本人コミュニティーであるニューヨーク地域の邦人の世話や、そのための地元アメリカ社会との折衝には、まずアメリカ理解が不可欠だろう。アメリカを知らなければ、アメリカに住む日本人の世話ができるはずがない。地元へのある程度の思い入れがなければ、地域社会との交流もスムーズにはできないだろう。かつてその社会に一定の年月、暮らしたことがあるかどうかは、その場合の決定的な要因となろう。

この要因は相手国の政府や議会との折衝が任務の主体となる大使よりも領事にとって、ずっと重要なはずである。

まして突然、降ってわいた空前絶後のテロ攻撃となれば、まず地元の社会や人間への日ごろのなじみがあってこそ、どうにか対応できるということになろう。

危機管理を含む邦人保護という任務も、地元社会の熟知という条件にプラスして、事前の訓練や経験がある程度なければ、たとえスーパーマンでも、きちんとできるわけがない。

だが河村氏の背景や経歴をみると、日本の外務省が在外公館の責任者の資格にはなんの配慮も払わず、ただ何年に入省し、それまでどんなポストを経てきたか、という点を最大基準に総領事を選んでいることが明白となってくる。

そもそもニューヨーク総領事というのは、ニューヨークでは「大使」と呼ばれている。

在留邦人は河村総領事を領事とは呼ばず、大使と呼ぶように求められる。外務省の内部のランクづけでニューヨーク総領事は他の総領事や領事とは異なり、大使と同等だからだというのである。

だがそんな点にも外務省の邦人保護など領事業務を軽視する態度がにじみ出ている。

ニューヨーク総領事は、在留や旅行中の日本人の生命・財産を保護したり、結婚や離婚、国籍の変更など戸籍関連の事務を扱ったり、旅券・査証の発給や延長に関する業務を提供したり、あるいは在外選挙投票の事務サービスを供したり、という任務を果たす「領事」なのである。だがそうした地味な任務よりも、むしろはなやかな外交活動に専念する「大使」なのだ、と訴えたいのだろう。

外務省の内部の規則でいくらニューヨーク総領事が大使級なのだとする根拠があったとしても、また相手国から大使のランクづけを認知されていても、そんなことは日本国民、とくにニューヨーク在住の邦人たちにはなんの関係もない。国民からみれば、領事はあくまで領事なのである。

歴代のNY総領事の経歴にみる〝エスカレーター〟人事

河村氏以前の顔ぶれをみても、ニューヨーク総領事というポストは主要国大使などに栄転していくための、エスカレーターの一時停止地点にすぎないという印象が強い。ニューヨークもアメリカも初めて住んで、また二年もすれば必ず去っていくという官僚たちなのだ。ニューヨークの社会にも在留邦人にも感情が移入しないのは、むしろ自然だろう。

河村氏のすぐ前任の大塚清一郎総領事は日本の防衛に関する安全保障関連のポストに何回か任じられたあと、タイ公使から本省の文化交流部長を経て、ニューヨークに赴任してきた。アメリカ経験の欠落は河村氏と大差ない。

大塚氏はニューヨーク総領事を一九九七年はじめから二年ほど務めたあと、ワシントンの日本大使館の公使としての肩書を一年弱、与えられ、さらにスリランカ駐在の大使へとホップ、ステップで栄転していった。

大塚氏の前任の苅田吉夫氏はニューヨーク総領事の勤務は一年半という短期だった。ニューヨークにくる前は宮内庁式部副長からデンマーク駐在大使を歴任していた。ニューヨークのあとはまた宮内庁にもどって、式部官長となる。以前にアメリカ勤務の経験こそあったが、ニューヨーク体験はなく、総領事在勤も二度の宮内庁勤務の中間の幕間《まくあい》、という感じだった。

苅田氏の前任の瀬木《せき》博基氏は九二年に外務省中南米局長からニューヨーク総領事となった。そのあとはＡＰＥＣ（アジア太平洋経済協力会議）担当大使からイタリア駐在大使を務めている。

瀬木氏の前任の英《はなぶさ》正道氏は一九八八年に経済協力局長からニューヨーク総領事となった。九二年には外務省全体のスポークスマンの外務報道官となり、さらにイタリア駐在大使となった。

こうした人事をみると、ニューヨーク総領事となる官僚たちは、海外最大の日本人社会での領事業務の最高責任者としてきちんと機能するための事前の経験や知識はまったく考慮されていないことが明白となる。

総領事を務めたあとは、イタリアやスリランカという、外務省全体では中級とされる国の大使ポストへの転出がパターンとなっている。河村氏もイラン大使となったわけだ。

巨大な日本人コミュニティーを相手にするという重要で特殊な任務への諸条件、諸資格の勘案はツユほどもうかがわれないのだ。

不正流用事件の関係者も名を連ねていた

さてニューヨーク総領事館の他の顔ぶれを眺めてみよう。

総領事館全体として、いわゆる館員は約九十人だとされる。一方、日本政府職員録の平成十四年版（二〇〇一年刊）では、ニューヨーク総領事のメンバーとしては河村総領事の下に三十一人の領事の名が記されている。これら合計三十二人が日本から送られた総領事職員であり、残りは現地採用の館員なのだろう。

職員録のリストをみると、領事の筆頭にはおもしろい人物の名が書かれている。荒川吉彦という名前である。この名は外務省の最近の一連のスキャンダルを詳しく追っている人間の目にはすぐ赤信号を灯《とも》らせる。

荒川吉彦氏はケニアのあの悪名高き青木盛久《もりひさ》大使（当時）の下で公使として在勤中、不正を働いたとされ、二〇〇一年八月に懲戒減給処分を受けた人物なのである。

外務省の発表によると、荒川氏はケニアのナイロビの日本大使館に勤務中の一九九七年から二〇〇〇年九月までの間、家具なしのアパートに住んでいたのに、外務省には家具つき（リース）のアパートに住んでいると虚偽の申告をして、住宅手当百六十三万円分、光熱手当六十二万円分をそれぞれ水増し請求して、不正に取得していたのだという。

荒川氏はケニアからニューヨークに転勤し、総領事館では広報センター所長となったが、まもなくケニアでの不正への処分が発表され、すぐにそのセンター所長の職をはずされ、さらに総領事館勤務からも排されて、帰国した。

こんな人物がニューヨーク総領事館の河村総領事のすぐ下に筆頭領事として勤務していたのである。

しかも荒川氏は、アフリカの勤務が長く、さらにその前には大臣官房儀典官を務めていた。いずれもアメリカ社会で地元の行政や司法の機関と接触し、さらに在留日本人の世話をするという領事業務とはなんのかかわりもない職種だった。

同じ政府職員録のニューヨーク総領事館の名簿には、渡辺久雄という名も記されていた。この人はトップの河村総領事から数えてちょうど十二番目にリストアップされた領事である。ニューヨーク総領事館の幹部職員といえよう。

この渡辺久雄氏がなんとも奇怪な背景の人物なのだ。かの松尾事件のナゾの関係者として名前があがっている。

外務省の発表や読売新聞社会部が『外務省激震』（中央公論新社）という本で報道した取材結果によると、渡辺氏は、機密費の不正流用で逮捕され、すでに懲役十年の求刑を受けた外務省元要人外国訪問支援室長の松尾克俊被告から一千五百万円を借りていた。住宅購入資金の一部という名目で、松尾被告から無担保の融資を受け、松尾事件が発覚しそうになった段階で返済したということで、ほぼ不問に付されてしまった。

外務省ではノンキャリアの渡辺氏にはさらに不思議な過去の経歴がある。

一九九七年夏、渡辺氏は松尾被告の身代わりになってタイの日本大使館勤務になったとされるのだ。

『外務省激震』によると、九七年六月、要人外国訪問支援室長からバンコクの日本大使館参事官への転勤の内示を受けた松尾被告は「こんな話はオレは絶対に認めない」と宣言して、外務省の人事課長や総務課長にどなりこんだ。異動としてはごくふつうの転勤であり、ノンキャリアの松尾被告にとっては出世でさえあった。だが本人は東京を離れることを必死で拒んだのだ。そしてその異動の内示は白紙となってしまった。

そこで松尾被告のかわりにバンコクの日本大使館参事官になったのが渡辺久雄氏だったのである。しかも渡辺氏はその数年前に外務省をすでにやめていたのに、この松尾人事内示事件の際に再び採用されて、タイに赴任するという変わった経歴をたどった。

この変則の人事と渡辺氏が松尾被告から一千五百万円の「借金」をしていたことの間になにか因果関係があるのではないか、というのは、だれにでもわく疑惑だろう。

その渡辺氏がバンコクの日本大使館からニューヨークの日本総領事館に転勤となったわけである。ニューヨークでは総領事館の中核として働くようになったわけだが、地元では渡辺氏は官民あわせての日本人社会のなかでゴルフが抜群に上手な領事として知られている。

さてニューヨーク総領事館の名簿には荒川氏が公金不正受給への懲罰ではずれるまでは第三位として本田悦朗という人の名が記されていた。本田氏の出身は財務省（旧・大蔵省）である。大蔵省では理財局の国有財産第二課長を務めていた。その前は金融監督庁官房や大蔵省関税局に勤務したという記録が載っている。つまり財務省からの出向としてニューヨーク総領事館に在勤しているのだ。

同総領事館には経済産業省（旧・通産省）からの出向者のポストも確保されている。テロ事件当時の出向者は村永祐司という人物だった。通産時代には四国通産局、特許庁総務部というポストを歴任した官僚である。

こういう他省庁出身の官僚にとっては日本人の危機の際の保護などという作業はもっとも無縁な仕事であろう。国有財産の管理や特許の処理が領事館の責務とどう結びつくのか。

領事業務の遂行ではすでに述べてきたように、そうした業務に関する知識と経験がまず重要である。さらにはその領事業務の対象となる地元日本人社会へのなじみや知識もカギとなる。だがそうした要件とはおよそ縁のない官僚たちがニューヨーク総領事館には送りこまれているようなのだ。

荒川吉彦氏のあとを継いで同総領事館の広報センター所長、そして筆頭領事となった越川和彦氏も経歴をみると、ニューヨーク勤務の前は本省の中南米局の第一課長、第二課長をそれぞれ歴任している。スペイン語研修の中南米の専門家なのだろう。その前は本省の経済局の勤務だった。

これまた在留邦人の世話や保護にあたるという領事業務とは無縁の経歴をたどってきた外務官僚のようなのである。

〝地味な〟邦人保護が軽視される制度的欠陥

わが外務省の在外公館での日本国民へのサービスの悪さは、なにもニューヨーク総領事館に限らない。

世界各国、各主要都市におかれた日本の大使館、総領事館には、外務省設置法がはっきりとうたう「海外における邦人の生命、身体、および財産の保護」という任務が課せられている。だがそうした領事業務の責務がきちんと果たされていない実態は、海外の日本人の間ではもう常識となっているのだ。

国会でも日本大使館の領事業務のコミカルなまでの醜怪《しゅうかい》さがすでに指摘されていた。

二〇〇一年二月二十三日の衆議院予算委員会で民主党の新人の山田敏雅議員が時の河野洋平外相を問いつめたのだ。

「私の知人がロンドンで、ある犯罪の被害を受け、日本大使館の邦人保護の窓口に助けを求めていきました。その被害をなんとかしてくださいということで、対応に出た日本人女性に頼みました。ところが現地採用のアルバイトらしいその女性はガラスの窓口の向こうで、スコットランドヤード、日本でいえば警視庁ですが、そこへいく地図を書き、バスで何番に乗り、何番に乗り換え、自分の足でそこへいき、被害届を出せ、というのです」

こうなると、もうお笑い劇である。だが当事者にとっては深刻な事態なのだ。

山田議員は元通産省（現・経産省）キャリアで、ジュネーブの国連日本政府代表部に勤務したり、ハーバード大学院に留学した経験がある。

日本人の間でも外国を知れば知るほど、国際派であればあるほど、日本大使館、領事館の怠慢がよくわかってくるようなのだ。

山田議員は言葉をついだ。

「この被害者は普通の日本人旅行者で、もちろん英語もできず、自分ひとりでバスを乗り換え、スコットランドヤードにいき、英語の被害届を出すなどということはできはしません。なのに日本大使館はそんな対応なのです。しかも窓口の向こうには担当の公使とか書記官がいて、話し声が聞こえる。だが窓口には出てこない。大使館には邦人保護の予算が非常に大きな額、ついているのですから、これではあまりにひどい。河野外務大臣、いかがでしょうか」

山田議員は河野外相に次回の大使会議で大使館、領事館のメンバーはみな「日本国民の代表であり、国民の血税を使う国民のための在外公館であるという意識改革をぜひ訓示していただきたい」と求めたのだった。

ロンドンで犯罪の被害を受けて、日本大使館に保護を求めても、スコットランドヤードへのバスの乗り継ぎ方を教えてくれるだけ、というこのエピソードはわが外務省の邦人保護の全体像を知るうえで象徴的である。

ニューヨークの日本総領事館が二〇〇一年九月十一日のテロの直後、保護を求める日本人を追い返し、安否の調査もろくにしなかったというパターンとぴたりと一致するのだ。

領事業務は少なければ少ないほうがよい

山田議員はニューヨーク総領事館のテロへの対応についても現地からの情報を集めて、国会で追及する動きをもとった。

「そもそも日本の外交官には国民の公僕であることを忘れ、特権的な意識で国民をみくだすという態度が多いのです。私自身、ジュネーブなどでさんざんそれを目撃しました。しかしそうした態度がテロでの日本国民の保護を怠るという形として表われると事態は重大です。ニューヨークでのテロの直後、日本総領事館が邦人保護にどんな措置をとったのか、こんごの国会でもっと追及すべきだと思います」

山田議員は私にこんな考えを告げるのだった。

日本の公務員が日本国民への供与義務のあるサービスを行なわないとなれば、その罪はオープンな場で追及されてしかるべきだろう。日本国内の官公庁の窓口がその責務を果たさなければ、ただちに苦情がおおやけにされる。たまたま舞台が遠い海外だから追及や苦情が起きにくいというだけなのだ。

日本人のいわゆる国際化が進むにつれ、外務省にとって在外の日本人の保護や世話を主体とする領事業務は、ますます重要となってきた。

だが外務省が従来の態度をつづければ、ニューヨーク総領事館や山田議員の指摘したロンドン大使館のような国民をコケにするケースがさらに増えることは必至である。

海外での三か月以上の長期滞在と永住とをあわせた在外日本人はいまや八十万人近くにもなった。短期の海外旅行に出る日本人は近年はもう年間一千七百万人などという数字にも達する。海外にいる日本人が激増し、日本の在外公館の領事業務の責任もこれまでよりはずっと拡がってきたのだ。逆にみれば、各国の日本大使館や日本総領事館で領事業務を受けることを必要とする日本人の数が増えたのだともいえる。

私自身は前にも述べたように、長年の外国生活で日本の在外公館の世話になることは最小限ですませてきた。だがたまにはどうしても領事業務に依存しなければならなくなる。

パスポートの有効期限が切れれば、再発行は領事部門に申請するほかない。親が死んだときには、ささやかな遺産相続のために印鑑証明が必要となった。だがアメリカに住んでいたから、日本の住民票がなく、ふつうの印鑑証明は手に入らない。在住先のワシントンの日本大使館領事部門から印鑑証明に相当する証明書をもらわなければならなかった。そんな際に領事部門の窓口でスムーズな対応を得られなければ、こちらの私生活にとてつもない支障が起きるわけだ。

最近、実現した日本人の在外投票の実施も領事業務の重要な一部である。

だがいまの選挙での在外投票は衆参両院とも、比例制の政党にしか票を投じることができない。選挙の本質たる個々の政治家への投票はできないのだ。日本国内の有権者ならだれにでも認められた当然の権利が海外在留の日本人には認められていない。

これもいろいろ聞いてみると、個人の候補への投票まで認めると、在外投票のおぜんだてをする領事部門の手間があまりに多くなるという理由だけにすぎないようである。領事業務は少なければ、少ないほどよい、ということなのだろう。

邦人の保護・支援のための訓練も受けず

わが外務省には領事業務に関しては肌寒くなるような実態が存在する。ニューヨーク総領事館のような非人道的な対応が出てきてもふしぎはないような構造的な欠陥が存在するのだ。日本の外務省ではキャリア、ノンキャリアとも外交官が領事業務の研修や訓練を受けることがまったくないのである。

外国語を覚え、政治や経済を学び、マナーを習うことはあっても、海外の邦人の世話や保護をするための領事業務について学ぶことは皆無のまま、ある日、突然に総領事館や大使館領事班に配属となるのがふつうだというのだ。

要するに制度として領事業務を習うことがないのだという。

古参の外務省職員が自嘲《じちょう》ぎみに語った。

「領事業務としては邦人保護のための犯罪、危機、国籍、旅券、相続、身柄に関する法律や手続きなど、学ばなければならない対象テーマは多いのですが、外務省では領事業務の基礎となるそうした事柄を教えるという制度がないのです。だからⅠ種職のキャリアでもⅡ種職以下のノンキャリアでも、だれも事前の領事業務の訓練、講習を受けていません。大多数の日本人外交官は海外の領事館、領事部に配属される際は、領事業務のためのなんの準備も、事前の知識も経験もないままに赴任していくのです」

なるほどニューヨーク総領事だった河村武和氏が赴任前は儀典長や軍備管理・科学審議官を務めていたのも、ごくふつうのわけである。総領事として危機を迎えても、その任務を果たさなかったことは、自然にさえみえてくる。

そもそもわが外務省にとって海外邦人の保護などはふつうの外交活動の枠外ということなのか。領事業務は研修の対象とするほどの重要性もないということなのか。

前出の外務省職員もあっさりと認めた。

「なぜそんな制度になっているのかといえば、やはり外交活動のなかでは地味な領事業務は、政治、経済、広報などの派手な業務にくらべて重要ではないとみなされているからでしょうね」

では領事業務について知識も経験もまったくない人間が在外公館の領事部門に送られると、どんなことが起きるのか。

ニューヨーク総領事館の実例がすでに答えを出してはいるが、同じ外交官が説明してくれた。

「邦人保護の実務に関する基礎知識がないし、その国で電話をかけることさえもろくにできないという状態ですから、すべてゼロからのオン・ザ・ジョブ・トレーニング（実務に就いてからの訓練）となります」

その結果、各地の総領事館では日本から送られてきた外交官が領事業務を知らず、実際の仕事は現地採用の人たちに頼りきるということにもなる。

外交官たちは実務は現地採用組に任せ切りなのに、給料だけはずっと高い額を支給される。となると、現地採用組の士気はすっかり落ちてしまう。外交官はやっと実務をある程度、覚えても、二年ほどで帰国してしまうケースがほとんどで、そのあとには、またまた領事業務の素人が赴任してくるわけだ。

またニューヨークの例でも明白なように、各地の総領事館には外務省と他の省庁の間の人員のやりとりで、経済産業省や財務省から出向した人が送られてくることも多い。

領事業務では警察庁、法務省、県庁などからの人たちのほうが関連の知識、経験を有している場合があり、外務省の外交官の低能力がなおさら目だってしまうという。

〝領事業務のプロ〟も存在する米国

この点、アメリカの外交システムは領事業務に対して日本とは対照的な取り組み方をとっている。

アメリカ国務省では外交活動のなかでも海外での自国民の財産や生命の保護をとくに重視して、すべての外交官に若い時期の領事業務を義務づけているというのだ。どの外交官も勤務を始めてから四年ほどのうちに、二年程度の領事勤務をすることになる。

この領事勤務は語学研修と並行することも多いが、主体はあくまで領事の仕事である。

「私は国務省に入ってすぐの二年間、カナダのケベックシティーのアメリカ領事館の副領事に任命され、領事業務を専門として働きました。その間、フランス語も勉強しましたが、仕事の中心は、現地で事故にあったり、死亡したアメリカ国民の保護や世話という業務でした。こういう訓練で外交官のだれもが自国民の保護の実務ができるようになるわけです」

一九六四年にアメリカ国務省に入り、職業外交官としての道を三十年近くも歩んだジェームズ・マクノートン氏が説明する。

アメリカ国務省では外交官として採用された男女は早い時期から政治、経済、総務、広報などの専門別に区別される。そしてそれぞれの専門分野の訓練を受けるのだが、その専門分野のひとつに領事業務が政治、経済と並んできちんと位置づけられている。

だからアメリカ外交官のなかには領事業務の専門官が存在するのである。

さらにそのうえに政治や経済を専門とする外交官たちもすべて若い時代に領事業務を二年ほど体験させられるというのだ。だから中堅、ベテランとなって急に領事館の勤務になっても、領事業務の事前の知識と経験を有することになる。

日本の外務省とは決定的に違うわけだ。

現在は国務省をやめ、民間の投資顧問企業の役員を務めるマクノートン氏が語った。

「私はカナダでの領事勤務の後、政治専門となりましたが、一九八二年からの二年間はインドネシアのスラバヤの領事館の館長となりました。まずインドネシア語の集中研修を十か月、受けてからでしたが、この領事勤務ではカナダでの領事業務の体験がすべて活用できました」

日本の外務省では領事業務の経験もなく、インドネシア語も知らないという外交官がインドネシアの領事業務を担当するというのもふつうだから、日米のギャップは大きい。

マクノートン氏はさらに論評した。

「私は以前から日本の外務省が外交官に領事業務の訓練をまったくしないまま、各地の領事館に送り出していることをけげんに思ってきました。海外での自国民の世話や保護が外交の重要な部分だということを理解していないのでしょうか。いくら有能な外交官でも自国民が外国で事故死や変死をした場合にどう対処するかというようなことは経験がないと、なにもできず、うろたえるだけでしょう」

こうみてくると、ニューヨークの日本総領事館のテロ事件での機能停止も当然の産物のように思えてくる。

「無国籍」日本人を生む、驚くべき非合理

外国に住む日本人夫婦に生まれた赤ちゃんが日本国民として公式に認められるまでに三か月もかかる。その間には日本国パスポート（旅券）が出ないため、両親に連れられて、その国の外に出ることも、日本にもどることもできない――。

わが日本国の大使館や領事館が責務とする領事業務には、こんな信じられないような実態がある。

世界各地にある日本の在外公館には在外日本人の保護や世話をする領事業務という重要な任務があることをこれまで報告してきた。わが外務省はこの領事業務に関して、重大な欠陥を抱えていることをも実例をあげて指摘してきた。

そうした欠陥は日本外交官の能力や意欲の不足だけでなく、日本の外交業務の硬直した制度や構造そのものから生まれているようなのである。

「日本人の赤ちゃんのパスポート」の実例は日本外交のそんな特異体質を象徴しているといえる。

「赤ちゃんのパスポート」と「外交」という言葉だけ聞けば、いかにもたがいに無縁な二つの異なる事柄のようにもひびくだろう。

だが外務省の活動という意味での外交では、在外邦人の世話という業務は重要な要因であり、在外邦人の世話という業務では、あらたに生を受けた日本人の日本国民としての公式認知はかけがえのないほど重要な作業なのである。

なのにその作業の実態は飛脚や伝書バトの時代のお役所仕事の旧態と変わらない非効率、非合理のままなのだ。現代の価値基準では非人間的とさえいえる対応なのである。

その実態の詳細を報告しよう。

「パスポート発行には最低三か月」の非効率

舞台はまたまたニューヨーク、おなじみの日本総領事館である。

二〇〇一年十月三日、ニューヨーク市在住の日本人医師の松田剛明《たけあき》氏と妻の久実子さんの間に女の赤ちゃんが生まれた。

鈴杏《れいあ》と名づけられた赤ちゃんは松田夫妻の長女だった。

松田夫妻はともに三十代前半、剛明氏は名門コーネル大学医学部の外科研究員として救急医学の研修中で、日本では杏林大学医学部に所属する。アメリカ在住はもう三年ほどで、ハーバード大学にも学んだ。夫妻にはすでに三歳の長男の将明ちゃんがいたが、女児は初めて、アメリカで子供が誕生したのも初めてだった。

さて二〇〇一年十月といえば、ニューヨークでは世界貿易センターへの例のテロ攻撃が起きた直後である。

松田夫妻は緊急に一家四人で日本へ一時帰国することにした。夫妻のそれぞれの両親がニューヨークでの生活をひどく心配し、新しい孫の顔をみることも望んで、とにかくひとまず帰ってこいと、懇請したことが大きかった。いわば危険な地域からの一時避難である。

だがアメリカから日本へ旅するには、鈴杏ちゃんだけはパスポートを持っていない。赤ちゃんとはいえ、国外旅行にはパスポートは欠かせない。

剛明氏はそこで鈴杏ちゃんの日本国旅券の発行を申請するためにマンハッタンの日本国総領事館へと出向いたのだった。旅券の発行は外務省の在外公館にとっては重要な任務の一つである。

ところが剛明氏の申請には思いもかけない反応が返ってきたのだった。

同氏が語る。

「総領事館の窓口にアメリカの当局が出してくれた鈴杏の出生証明書をみせ、日本のパスポートの申請をしようとしたところ、なんとパスポートが出るまでには三か月もかかると告げられたのです。出生証明書に基づく出生届をまず窓口に出し、その出生届が私たちが日本で住んでいた本籍地の東京都三鷹市の市役所の戸籍係に送られ、戸籍への出生届の手続きをすませたうえで、その戸籍の謄本、あるいは抄本をもらう。こんどはその謄本をアメリカに返送してもらい、その謄本をつけて、総領事館にパスポート交付の申請をしなければならない、というのです。アメリカでの初めての子供の旅券申請なので、この手間のものすごさにはショックを受けました」

日本の両親らは一日も早く帰ってこいと矢のように催促してくる。だが総領事館の窓口の若い男性の係官はいくら懇願しても、パスポート発行には最低三か月はどうしてもかかる、という言明の一点張りだった。

日本のパスポートがなければ、鈴杏ちゃんはアメリカを出るに際して日本国民とは認められないことになる。日本に入国するときにも、またアメリカにもどるときにも、日本人の資格を持たないことになってしまう。

だが日本国民としての対外的な認知に不可欠な証明文書である旅券を手にするまでには、三か月もかかるというのだ。

最近のアメリカではとくに乳幼児の出国でのきちんとしたパスポート保有の確認がきびしくなっている。離婚や別居した夫婦が子供の監護権（カスタディー）をめぐって争うことが増えて、一方の親が他方の親の意思に反して幼い子供を連れ去るようなケースが多くなっているからだ。アメリカとドイツの間ではそういうケースが政府間で協議する外交問題にまでなってしまった。

「でも、アメリカで生まれた日本人の日本旅券の取得には規則としてどうしても三か月はかかるのです」

ニューヨークの日本総領事館の係官は松田剛明氏にそんな言明を繰り返すばかりだった。だが松田さん一家としては緊急避難に等しい日本への帰国なのだから、三か月も待っていられるはずがない。

旅券交付の手続きはしょせん書類の送り届けである。いまの世の中、書類だけの送付ならば瞬時にすんでしまう電子メールもあるし、ファックスもある。郵送や託送にしてもニューヨークと東京の間ならば、わずか二、三日で届く方法はいくらでもある。

だがわが外務省の在留邦人向け行政サービスでは三か月かかるというのだ。

待てど暮らせど日本に着かぬ出生届

剛明氏の困り果てた様子に気がとがめたのか、係官は妥協策のような提案をした。

「どうしても緊急に帰らねばならないならば、娘さんのために渡航証明書を出しましょうか」

渡航証明書というのは各国政府が特殊なケースの緊急事態に限って、発行する旅行書類である。ふつう海外旅行中の日本人がパスポートを盗難とか紛失など特別な事情でなくして、そのまま日本にもどるというような場合に使われる。また逆に日本国内で外国人が犯罪をおかし、本国へ強制送還されるような場合、本人が正規の旅券を持っていなければ、この渡航証明書が出る。いわば旅券代行の臨時証明書とでもいえようか。

ただし松田さん一家は日本にもどった後、まもなくアメリカにまた帰る必要がある。パスポートを持たない鈴杏ちゃんはその際、どうするのか。

「この渡航証明書で日本に入国し、また同じ証明書を使って出国し、アメリカにもどってくればいいですよ。日本で事情を説明すれば、帰りのパスポートの代わりとして認めてくれるでしょう」

係官は気軽な口調で述べたという。

それならばだいじょうぶだろうと、松田さん一家四人はようやく二〇〇一年十月三十日、テロの余震で揺れ動くニューヨークをあとにして、日本にもどった。

ところが剛明氏と久実子さんは、成田の入国管理のデスクでは鈴杏ちゃんの入国に関して「渡航証明書は一回、一時帰国するためにしか使えませんよ」と注意された。

ニューヨーク総領事館の係官がいうように同じ証明書を使ってまたアメリカにもどることは不可能だといわれたのに等しかった。

それでも剛明氏たちは最後の手段として日本滞在中に鈴杏ちゃんの日本旅券をとり、それを使って出国し、アメリカにもどればよいだろうと考えていた。

松田さん一家は日本では剛明氏の父の杏林大学理事長、松田博青《ひろはる》氏らに温かく迎えられ、三鷹市の博青氏の家などに滞在した。だが一か月近くが過ぎ、そろそろニューヨークにもどらねばならない時期が近づいてきた。

鈴杏ちゃんのアメリカ帰還にはニューヨークの総領事館が発給し、復路も使えるといわれた渡航証明書は使えないことが明白となった。

となると、鈴杏ちゃん用の日本のパスポートを得なければならない。それにはニューヨークで出しておいた三鷹市役所あての出生届が着き、鈴杏ちゃんの戸籍が記入されねばならない。記入がすめば、そこから戸籍謄本をとり、パスポートを申請すればよいこととなる。

ところが待てど暮らせど、ニューヨーク総領事館からの出生届が三鷹市役所に着かないのだ。博青氏が外務省関係の知人らに相談してみた。

「長く待てないのならば、鈴杏ちゃんはアメリカのパスポートを使って、ニューヨークにもどるしか方法がないでしょう」

外務省関係者はこう答えた。

剛明氏はじつは鈴杏ちゃんのアメリカでの出生証明書を使って、アメリカのパスポートの交付をも申請していた。

アメリカは自国内で生まれた人間はすべて自国籍にするという国籍属地主義（出生地主義）である。だから鈴杏ちゃんにも日本国籍と二重にアメリカ国籍が与えられるわけだ。剛明氏は万一の場合に備えて、ニューヨークで娘のアメリカの旅券をも申請し、わずか二日間でそれを得ていたのだった。

松田さん一家は十二月四日に成田空港を発《た》とうとした。だが鈴杏ちゃんだけはアメリカの旅券で出国させようとすると、係官から「日本人として帰国したのに、なぜアメリカ人として出国するのか」と問われ、一家は別室に連れていかれ、いろいろ質問を受けた。

剛明氏は渡航証明書をみせて、複雑な経緯を時間をかけて説明し、出入国管理側が鈴杏ちゃんの旅券に渡航証明書での日本入国のいきさつを書きこむという特別の措置をとることで、やっと出国ＯＫとなった。

以上がニューヨーク在住の松田さん一家に起きた〝異変〟のくわしい経緯である。他の日本人家族にもいくらでも起こりうる出来事なのだ。

利用者の便宜を考えない相も変わらぬ役人体質

ニューヨーク総領事館での在留邦人への行政サービスでみる限り、アメリカで生まれた日本人が日本国民としての認知書類である日本国旅券を得るには三か月というとてつもなく長い時間がかかるのだ。その間の三か月、本人は対外的には日本人としては認められず、アメリカ国外には出られない。

赤ちゃんとはいえ、一人の人間が国籍の証明がないまま、三か月という期間を宙ぶらりんの状態で、放置され、動けなくなってしまうのである。赤ちゃんが移動できなければ、その親も当然ながら足止めになってしまう。

ニューヨーク総領事館が鈴杏ちゃんは渡航証明書でアメリカと日本とを往復できると告げた

ことも間違いだった。

外務省の領事業務全体にかかわる関係者に聞くと、アメリカではニューヨークに限らず、どこでも現地で生まれた日本人の日本のパスポート取得には最低二か月ほどはかかる、という答えが返ってきた。他の外国で生まれた日本人の場合はさらにもっと長くかかるだろうという。

鈴杏ちゃんの場合、アメリカ国籍を得ていたから、まだ救いの道があった。だが他の大多数の外国では、そこで生まれた日本人は日本国籍だけしか得られない。だから三か月の間、その日本国籍の証明さえないままとなるわけだ。

つまり、どこの国の国籍も市民権もない〝幽霊人間〟となってしまうのである。

「自国のパスポートの取得という簡単な行政手続きにこれほどの長い期間を要するなどとは夢にも知りませんでした。同じ外国在住者でもフランス人の場合、二週間で自国のパスポートが得られるそうです。日本は戸籍という独特の制度のために、時間がかかるのでしょうが、どうにも旧態依然という感じです。届け出の手続きの短縮を外務省が工夫してくれれば、簡単に改善できるのではないでしょうか。いまのままでは、生活に支障をきたすという日本人も必ず多数、出ているはずです」

松田剛明氏が訴える。

たしかにいまの日本の在外公館の国籍や旅券の扱い方は戦前からと同じだとしか思えない。要は書類を日本へ運ぶプロセスの短縮だから、もっと短くてすむ方法はいくらでもあるだろう。

だがわが外務省には、その手続きを改善し、在留邦人の便宜を図ろうという姿勢はうかがわれない。大使館や領事館という在外公館は、ここでも日本国民の福利のために、時代にあった工夫をするという態度はツユほども感じさせないのである。

その結果、全世界の在外日本人約八十四万人の間で一日平均二十人ほどという率で誕生する日本人の赤ちゃんたちが三か月もの期間、みな〝無国籍人間〟となってしまうのだから、なんともひどい話ではないか。

第三章　硬直化した年功序列「エスカレーター」人事の象徴

〝不適材不適所〟の大使たち

ワシントンの在アメリカ日本大使館の正面玄関。この館の主であり、「大使の中の大使」とも言われる駐米大使が、なぜかアメリカ側の識者から酷評を浴びているという。

外交官トップですら任地国の言葉を話せない

私は新聞社の海外特派員としてアメリカをはじめベトナム、イギリス、中国などの各国にもう通算二十数年も駐在してきた。その他の多数の国をも取材で訪れた。その間、数え切れないほどの日本人外交官を知り、眺めてきた。

そのなかにはもちろん相手国の実情に精通し、現地にじっくり腰をすえ、効率よく活動している人たちもいた。

だがランクが上にいけばいくほど、〝不適材不適所〟という外交官たちが多いことをも目撃してきた。

各国の日本大使館の長である大使や公使たちにとくにひどいケースが多い。

職業外交官のトップたる大使であるならば、赴任する国については知識も経験も豊富をきわめるはずである。

本来、外務省職員の外交官が在外の重要ポストを独占するのは彼らが対外活動のプロ中のプロだから、という理由のはずである。

だが現実には相手国とはなんの事前のきずなも接触もなく、地元の言葉もまったくできないという大使たちがほとんどなのだ。

一九九六年十二月にペルーの首都リマで起きた日本大使公邸占拠事件はまだ記憶に新しい。テロリストたちが公邸を占拠した直後、ペルーの警察が銃撃をつづけたのに対し、占拠された側の責任者である青木盛久大使がたどたどしいスペイン語で叫んだ。

「火事を逮捕しろ！」

わけのわからない叫びである。

青木大使はじつはテロリストから命じられ、警察に対し「銃撃を止めてください！」と叫んだつもりだったのだという。

だが彼のスペイン語があまりにお粗末のため、本来の意味には通じず、「火事を逮捕しろ」という意味となってひびいたというのである。

要するに青木大使はペルーにはその二年前から赴任していたにもかかわらず、任地国の言葉のスペイン語はほとんど満足にできないままだったのだ。こんな危機のなかで日本大使の発する死活的な言葉がまったく通じないのである。もしペルー警察が「逮捕しろ」という叫びを誤解して、突入でもしてくれれば、大変なことになっていただろう。

一九九五年六月には私自身、ブラジル駐在の日本大使に唖然《あぜん》とさせられたことがある。

日本とブラジルの修好百年記念のシンポジウムがサンパウロで開かれ、私も講演者の一人として招かれたのだが、前夜にブラジル日系人代表がブラジル要人多数を招待しての大パーティーが催された。大統領夫人が主賓だった。

そのパーティーで来賓として祝辞を述べる宇川秀幸大使が日本語で傲然《ごうぜん》と言い放った。

「私はポルトガル語を解しません」

スピーチの冒頭での言明である。ブラジルの国語のポルトガル語ができないから日本語で話すという言い訳のつもりだったのだろうが、任地の言葉ができないことがまるで勲章ででもあるかのように、胸を張って宣言する、という感じなのだ。

ブラジルに赴任してから二年も経った時点でさえ、そうなのである。

いくら任地の言葉といっても、スワヒリ語やモンゴル語ではない。ポルトガル語もスペイン語も世界の数多くの国で使われる主要言語である。

だが宇川、青木両大使はその言葉を知らない。ということは任地の実情にも疎《うと》いということだ。

そもそも両外交官とも中南米には大使として赴任するまではなんの関係もなかったのだ。二人とも長年の外交官生活でも英語を専門の外国語とし、米欧やアジアで勤務するだけで、中南米とはかかわりはなかったのである。

日本の外務省ではこうした不適材不適所の大使人事はごくふつうとなっている。

「この国の、このポストには、こうした専門の能力や経験を持つこの外交官を」という基準はほとんど存在しない。かわりに基準となるのは「この年次に入省したこの外交官には経歴や同期、先輩とのバランスからみてこのへんのポストを」という年功序列の官僚人事ルールなのだ。

この官僚ルールでは、日本外交が直面する現状への対応などという要因はまず排されている。外務省の身内の慣行や利害が優先されるのだといえる。

そんな硬直した日本外交の病害は大使中の大使である駐アメリカ大使の人事にもっともはっきりとにじみ出ている。

〝日本の顔〟駐米大使に浴びせられた酷評

日本にとってアメリカとの関係の特別な重要性は、いまさら説明の要もないだろう。安全保障面での同盟国、経済面では最大の貿易パートナー、文化や教育でも最大の影響を受ける国である。

そのアメリカでの日本政府の代表、日本国民の代表となる日本大使の役割が超重要なことは言を俟《ま》たない。

だがこの駐米大使ポストは一貫して外務省の官僚に独占され、しかも外務省での〝出世すごろく〟のあがりとなってきた。日本の国全体の顔、耳、口となるべき代表であるのに、そのための適性は二の次、三の次、外務省内で功なり名をとげた官僚への究極の〝ごほうび〟のように扱われているのだ。

戦後の一九六〇年代から現在までの歴代駐米大使の顔触れをみよう。

武内龍次氏、下田武三氏、牛場《うしば》信彦氏、安川壮氏、東郷文彦氏、大河原良雄氏、松永信雄氏、村田良平氏、栗山尚一《たかかず》氏、斉藤邦彦氏、柳井俊二氏、加藤良三氏という順である。

以上の十二人はもちろんすべて外務官僚、しかも大河原氏と加藤氏以外はみな、おしなべて外務事務次官経験者だった（この二人の例外的人事については後述する）。

駐米大使ポストは外務官僚として位をきわめたキャリア外交官に最後の栄誉として自動的に与えられる地位となっているのだ。

歴代次官はほぼ二人に一人の割で、ワシントン駐在大使となってきた。

二人に一人なのは、次官の任期がふつう一年半から二年なのにくらべ、駐米大使の任期は三年以上になることが多いため、すべての次官が駐米大使にはなれないからだ。そこで、ワシントンにこられない前次官用の栄誉に、国連大使や駐イギリス大使のポストが用意される。アメリカの首都ワシントンへの番が回ってこない次官はニューヨークやロンドンへと祭りあげられる慣行なのだ。

そんな自動的な配置は、アメリカ駐在の日本国代表としてどんな能力や経験、適性が必要なのかは、お構いなしに行なわれる。次官になるまでの外交官生活で主としてなにを専門としてやってきたかなども一切、関係がない。

アメリカとはなんのかかわりもなかった人物も、次官になったという理由だけでアメリカ駐在大使となるのである。

英語が不得手、アメリカを知らないという人物でもワシントンの日本国代表となってしまうのだ。

私が初めてワシントンに赴任したのは一九七六年、毎日新聞特派員としてだったが、最初の数年はアメリカ側の取材に忙殺され、日本大使館とか日本大使に接触する機会も関心もほとん

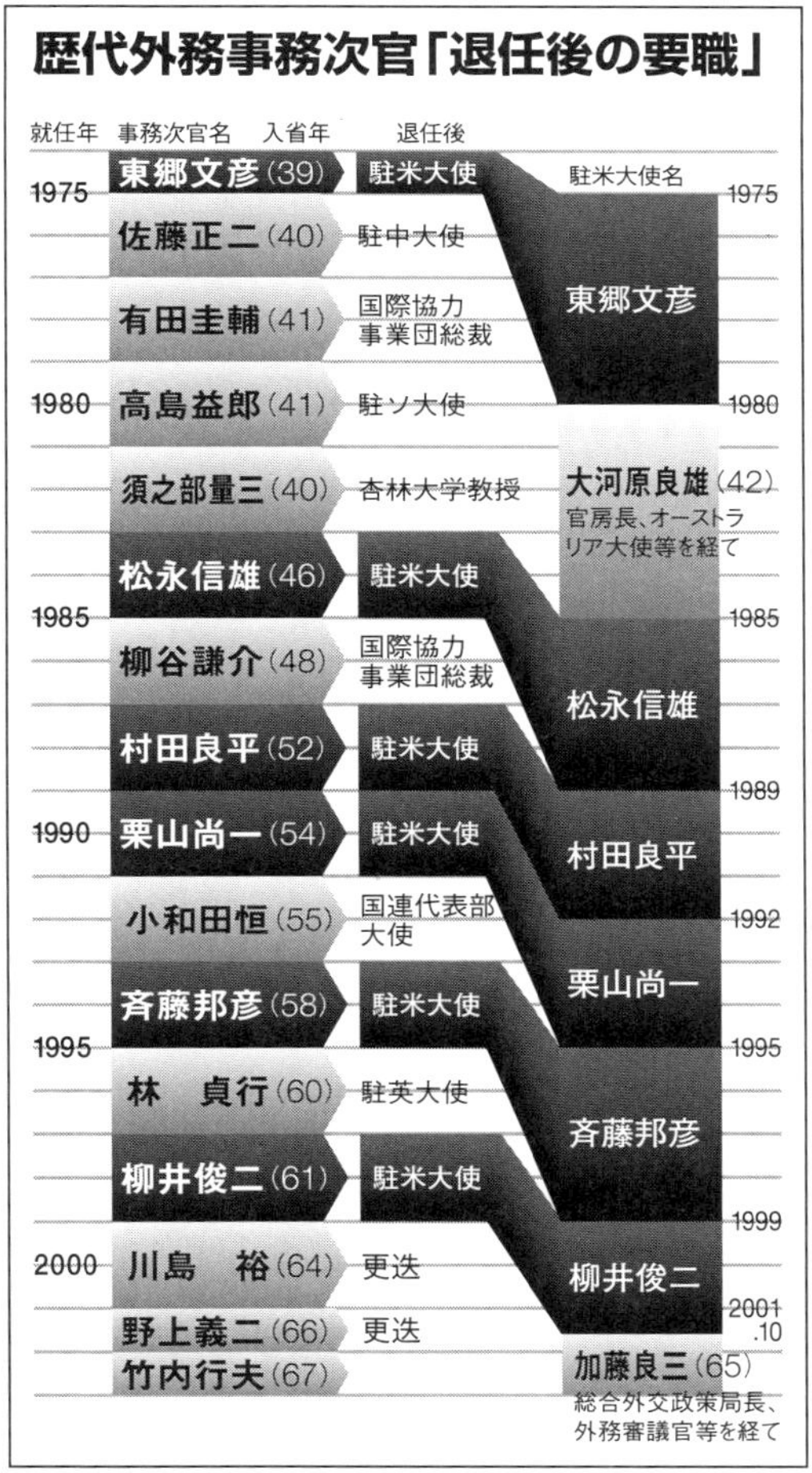

どなかった。ただ当時の東郷大使がアメリカ側のマスコミにはまったく登場せず、プレゼンス（存在）が希薄だったことは覚えている。
しかし日本の駐米大使といえば、日本全体でも最高のアメリカ通、英語もアメリカ人と同じように自由自在にこなす練達だろうと、なんとなく思っていた。当時はまだ外務省の人事システムをよく知らなかったからだ。
だから一九八五年に外務次官から駐米大使となった松永信雄氏の英語力に疑問を投げかけるアメリカ側関係者が多いのを知ったときには、びっくりした。
私はこのときには東京にもどり政治部記者となっていたが、二か月ほどの出張でワシントンを再訪して、国務省、通商代表部、議会などの対日政策関係者たちに接触していたのだ。
「松永大使が就任のあいさつに米側閣僚を訪問したときに立ち会ったが、大使が稚拙《ちせつ》な英語の表現でわかりきったことをただ繰り返すだけなのに驚いた」（アメリカ政府中堅官僚）
「ナショナル・プレス・クラブでの松永大使のブリーフィングに出席したが、大使は質疑応答ではアメリカ人記者が質問を何回も繰り返さないと理解できず、英語の理解力に問題があることが明白だった。質問への答えも冒頭に読み上げた声明を繰り返すだけで、本当の意味の質疑応答にはまったくならなかった」（アメリカ通信社記者）
こんな酷評を聞かされたのだ。

テレビ番組に出た日本大使の発言は全部「字幕付き」

私はそれまで政治部で外務省担当だったから、松永氏の次官としての活動には接していた。実務プラス政治的能力もきわめて高い有能な外交官という印象だった。なのにアメリカ駐在大使としては実務のまず基礎となる英語の力を疑われるというのだ。一体なぜなのか。

松永氏の次官になるまでの経歴を調べてみて、原因はすぐわかった。

同氏が外交官として特別に訓練を受けた専門外国語はフランス語であり、アメリカはもちろんのこと英語国に勤務したことは一度もなかったのである。ワシントン在勤の外交活動もまったく初めてだった。それまでの勤務国はフランス、ソ連、スイス、メキシコだった。となれば、いかなる天才でも「英語の理解力に問題がある」となるのは当然だろう。

おまけにワシントンでは松永氏が「大使公邸にワシントン特派員など日本人を集めてマージャンをするのが大好き」という評も飛び出していた。

私はこのへんの実態を総合雑誌『中央公論』での論文で報じた。駐米大使館の活動全般に関する論文の最後に松永氏のアメリカ側での評判を記し、駐米大使の任命システムにそもそも欠陥があることを指摘したのだった。

すると、この論文の駐米大使批判の部分だけを、こんどは『週刊文春』がとりあげた。「『英語が通じない』駐米大使にわれらが託す緊迫の日米関係」というタイトルの特集記事となった。

この記事には「松永大使公邸ではフィリピンのマルコス大統領への反乱が始まった危機の日

れていた。

にも徹夜マージャン大会が予定どおり開かれた」という私のまるで知らないことまでが加えられていた。

外務省側は大反論をした。

当時の波多野敏雄外務報道官らが松永大使について「英語にまったく不自由していない」「アメリカ勤務の経験がないからアメリカを知らないとはいえない」「人間関係をつくる天才」「徹夜を一週間つづけるのが特技で、マージャンをしても寝る必要がないから徹夜でやる」などと述べたのだった。

私自身にも圧力がかかり、外務省の高官たちは口をきいてくれなくなった。松永氏は外務省内でもドンのような実力者だったから、親分を批判する不遜《ふそん》な記者はみんなでやっつけろ、という感じだった。

ところがそれから半年ほど後の一九八六年秋におもしろいことが起きた。

当時の中曽根康弘首相がアメリカの黒人について人種差別ふうの発言をして米側から非難をあび、公式謝罪を表明した。松永大使はその謝罪文をアメリカ議会の黒人議員団に伝えることを訓令され、議事堂でその内容を読みあげた。その後、すぐＣＮＮテレビのインタビューを受け、謝罪文の内容や背景を英語で説明しようとした。

だがその模様を伝えるテレビ報道では松永大使の英語での発言にはすべて英文の字幕がつけられたのだ。

当時は耳の不自由な人のために字幕をつけるという慣行はなく、ひとえに画面から流れてくる英語がふつうのアメリカ人にはわかりにくい場合の措置だった。つまり松永大使がテレビで語る英語はそのままでは一般アメリカ人視聴者にはわからない、ということなのである。

私としては、なにをかいわんや、という思いだった。

ただし松永大使は合計四年半ほども駐米大使をつづけ、後半では活発な行動力と的確な政治判断で独特の実績をあげた、と評されるようになった。しかし前半は未経験の地での試行錯誤のような「オン・ザ・ジョブ・トレーニング」だったのである。

日米間の交流が多層で重厚ないまの時代に、なぜあえてアメリカ勤務や英語の経験のない官僚を日本大使として選ぶのか、疑問は厳然と残ったわけだ。

旧聞に属する松永大使の実例をあえて紹介したのは、その後も現在にいたるまで、わが外務省の駐アメリカ大使の選択や派遣のメカニズムがまったく変わっていないからである。

アメリカを知らない駐米日本大使

日本のアメリカ駐在大使といえば、すでに述べたように日本国民全体を代表する「顔」であり、「口」「耳」のはずである。

その日本代表がアメリカ側の政府や議会、さらには一般国民にどれほどアピールできるかは対米外交の大きなカギとなる。アメリカは政治や外交が世論で動くオープンな国だから、一般への語りかけはとくに重要となる。その目的の達成はひとえに日本代表たる日本大使の人間的な魅力や意思疎通の能力にかかってくる。つまりは個人の適性である。

ところが第一期のクリントン政権時代の日本代表だった栗山尚一駐米大使はアメリカ議会関係者から「コールド・フィッシュ」(冷たい魚)と評された。この言葉は文字どおり、活気のない冷たい感じの人物を指す表現である。

一九九三年から九四年にかけてのこの時期、日米関係はかつてない険悪な状態となった。クリントン政権が日本にアメリカ製品の一定量の輸入を押しつける「管理貿易」の旗を掲げ、日本市場の閉鎖性に対して激しい糾弾をあびせたのだった。

日本側としては、自国市場の実情をアメリカ側に直接、伝える作業が死活的に重要な時期だった。日米両国のそもそもの同盟のきずなを貿易摩擦だけで壊してはならないことを米側に説くことも緊急の課題だった。そのためのメッセージ発信は、まずワシントンに常駐する日本大使の責務である。

その種のアピールでは一般のアメリカ人に人間レベルで好感を与える意思伝達が不可欠となる。そのためには語りかける日本側人物の一定水準の英語はもちろんのこと、不快感を与えない外見、明るく温かい態度、ユーモアまじりで率直な親しみのこもった話し口などが要件となろう。

だが栗山氏は明らかにそうした要件に欠け、「冷たい魚」と呼ばれてしまったのだ。国務省の元日本担当で、その当時は「アメリカ・ビジネス産業評議会」という組織の会長だったケビン・カーンズ氏は栗山大使に対する酷評を率直に述べていた。

「いまの日本大使（栗山氏）は、ワシントンにおける日米関係での政治的プレゼンス（存在）を感じさせません。日米関係で彼がなにかをしたという事例がみつからない。イメージがない。パフォーマンスがない。フェースレス（顔がない）としかいえません」

相手国の識者にここまでいわれる以上、栗山大使のアメリカ駐在代表としてのそもそもの適性に問題があると判断せざるをえない。

栗山氏がその適不適にかかわらず駐米大使としてワシントンに送られてきたのは、同氏がそれまで外務省での〝出世すごろく〟のあがりの事務次官だったからである。

歴代の駐米大使は、たとえ英語が通じない人物であっても、つねにそのときの外務次官に最後の栄誉のように与えられるポストと化しているのだ。

ミスキャストだらけの駐米大使

栗山氏は歴代次官のなかでも知米派とされてきた。だから前々任の駐米大使だった松永信雄氏のようにフランス語が専門で英語国勤務の経験ゼロという人物よりは、ワシントン勤務は適しているとされてきた。

ところがアメリカ駐在大使として効果を発揮するには、個人の魅力があまりにも欠けていたというわけだ。

このころの米側識者の間では、ワシントンでも広く知られた富士ゼロックス会長の小林陽太郎氏や政治家の椎名素夫氏（現・参議院議員）が駐米大使になれば、ずっと効果をあげるだろうともいわれていた。

栗山大使は一九九二年春、ワシントンに赴任した直後、テレビ・カメラの前での話し方の特訓を受けた。カメラの前での姿勢の保ち方から質問への対応の仕方、視線のすえ方、笑い方までたっぷり時間をかけての基礎訓練だった。

この訓練は同時に在米大使館ナンバー2の平林博次席公使（現・駐インド大使）と登《のぼる》誠一郎経

済担当公使（現ＯＥＣＤ＝経済協力開発機構＝代表部大使）も受けていた。講師はＡＢＣテレビの元・東京支局長だったベテラン放送記者のケビン・ディレーニー氏だった。

テレビ出演は対米外交では非常に重要である。テレビ・インタビューに答える形で一般米人に日本の主張を伝えることは、世論の国アメリカでは不可欠であり、大使や公使など日本大使館幹部にとっては超重要な任務なのだ。

だが栗山氏、平林氏、登氏というベテラン外交官はワシントンに着いて初めてその基本をゼロから研修しなければならなかったわけである。

知米派とされる栗山氏でさえ、こんな〝ドロナワ式〟の対応なのだから、外務省全体が大使の任地で求められる能力とか経験をいかに軽視しているかがわかる。

もっとも、テレビ出演特訓を受けた後の栗山大使がアメリカのＰＢＳテレビ（公共放送局）に出て、日米自動車問題で質問に答えるのを私もみたが、英語こそ流暢《りゅうちょう》とはいえ、魅力のない語り口だった。

いかにも日本的な官僚口調で「クリントン政権の数値目標はよくない」というような公式見解を繰り返すだけ、なんのツヤもない平板なパフォーマンスなのだ。

結果として、栗山氏が駐米大使を務めた三年ほどの間、日米関係は戦後でもっとも険悪なものとなった。

栗山氏の悪評は当時、日本にも伝わり、「韓国の韓昇洙駐米大使はユーモアのセンスがあり、

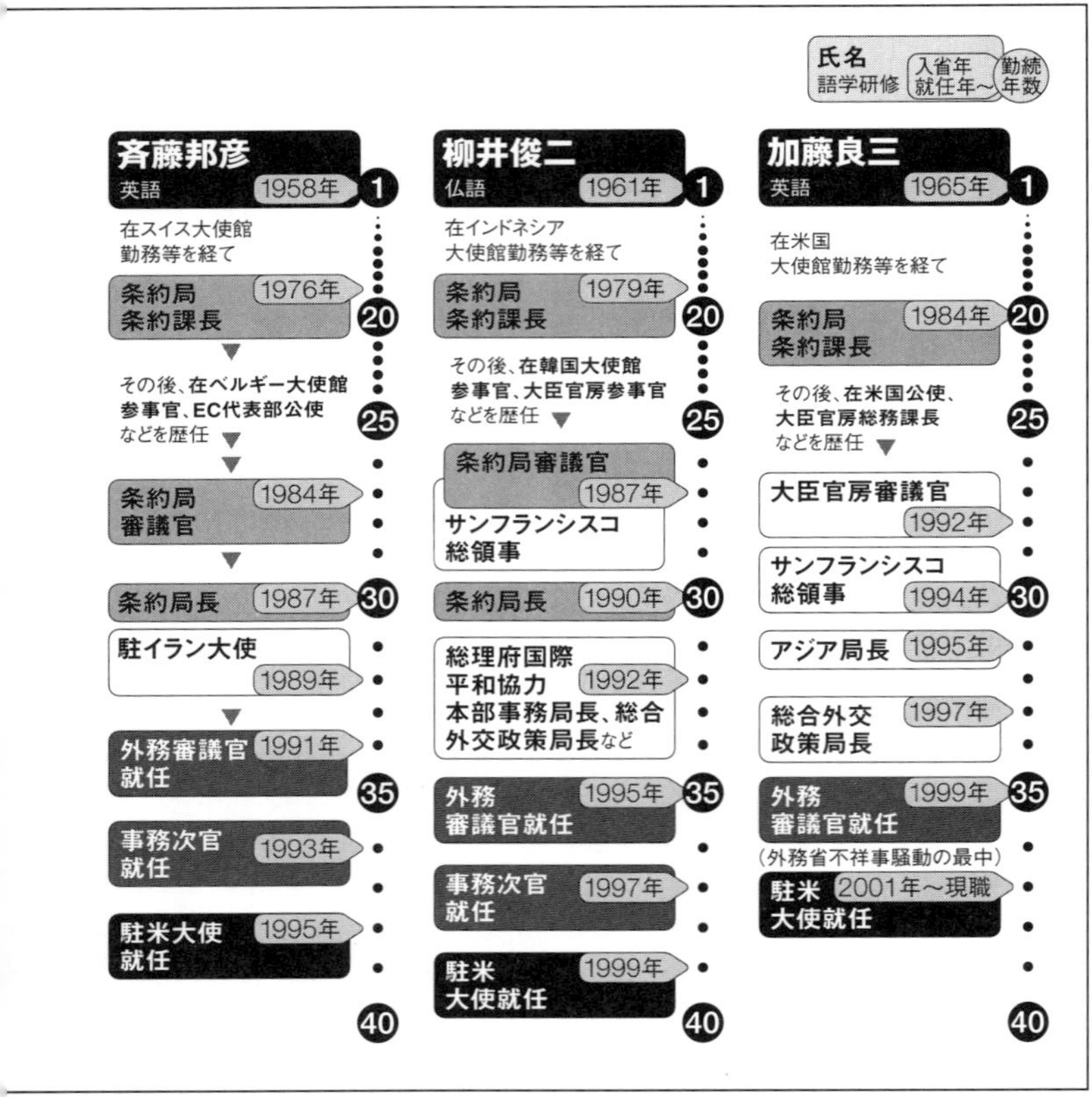
氏名
語学研修
入省年
就任年～
勤続
年数
斉藤邦彦
英語
1958年
在スイス大使館
勤務等を経て
条約局
条約課長
1976年
その後、在ベルギー大使館
参事官、EC代表部公使
などを歴任
条約局
審議官
1984年
条約局長
1987年
駐イラン大使
1989年
外務審議官
就任
1991年
事務次官
就任
1993年
駐米大使
就任
1995年
柳井俊二
仏語
1961年
在インドネシア
大使館勤務等を経て
条約局
条約課長
1979年
その後、在韓国大使館
参事官、大臣官房参事官
などを歴任
条約局審議官
1987年
サンフランシスコ
総領事
条約局長
1990年
総理府国際
平和協力
本部事務局長、総合
外交政策局長など
1992年
外務
審議官就任
1995年
事務次官
就任
1997年
駐米
大使就任
1999年
加藤良三
英語
1965年
在米国
大使館勤務等を経て
条約局
条約課長
1984年
その後、在米国公使、
大臣官房総務課長
などを歴任
大臣官房審議官
1992年
サンフランシスコ
総領事
1994年
アジア局長
1995年
総合外交
政策局長
1997年
外務
審議官就任
1999年
(外務省不祥事騒動の最中)
駐米
大使就任
2001年～現職
1
20
25
30
35
40

駐米大使への道——条約局・事務次官エリート官僚

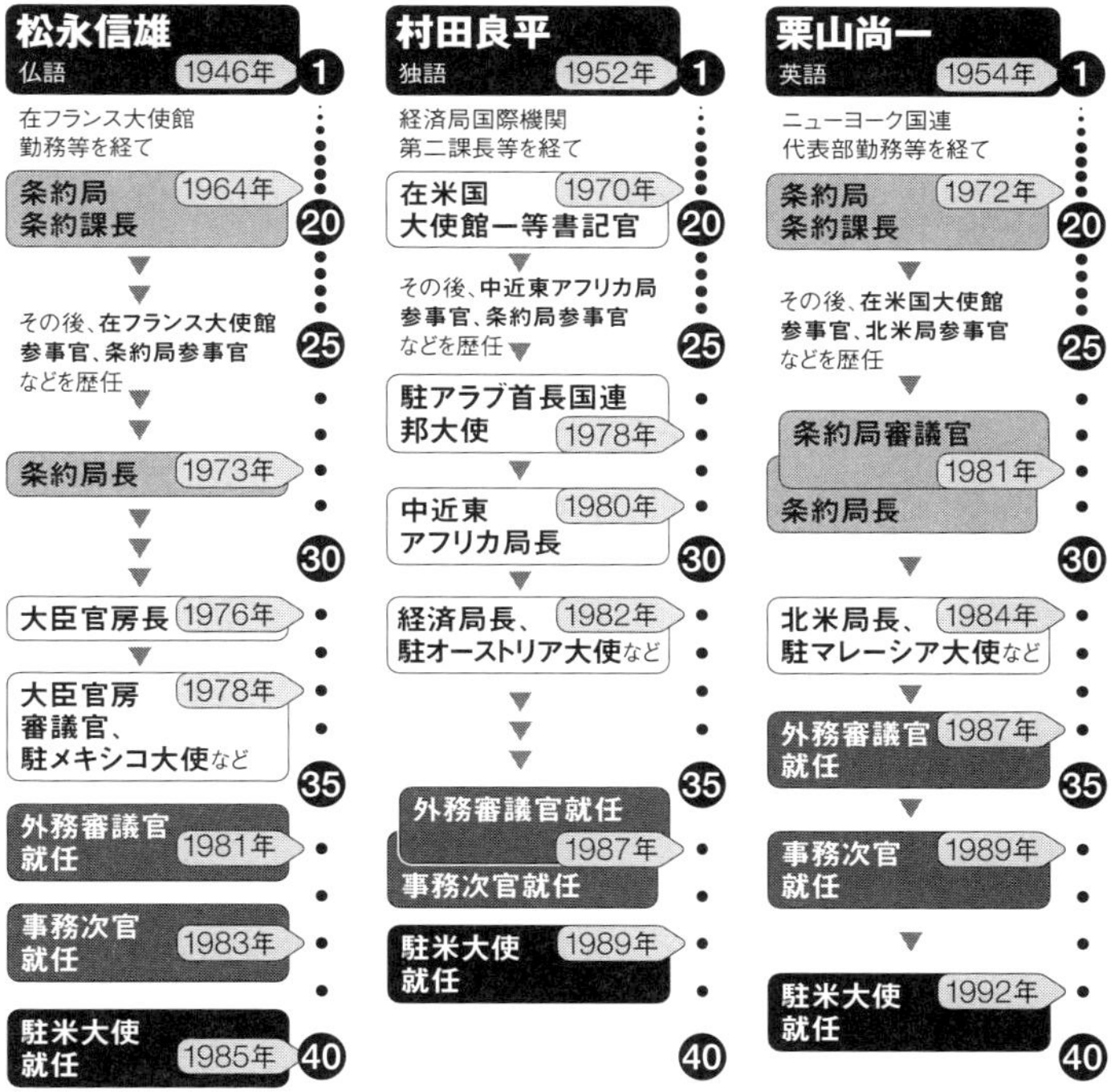
松永信雄
仏語
1946年
在フランス大使館
勤務等を経て
条約局
条約課長
1964年
その後、在フランス大使館
参事官、条約局参事官
などを歴任
条約局長
1973年
大臣官房長
1976年
大臣官房
審議官、
駐メキシコ大使など
1978年
外務審議官
就任
1981年
事務次官
就任
1983年
駐米大使
就任
1985年
村田良平
独語
1952年
経済局国際機関
第二課長等を経て
在米国
大使館一等書記官
1970年
その後、中近東アフリカ局
参事官、条約局参事官
などを歴任
駐アラブ首長国連
邦大使
1978年
中近東
アフリカ局長
1980年
経済局長、
駐オーストリア大使など
1982年
外務審議官就任
1987年
事務次官就任
駐米大使
就任
1989年
栗山尚一
英語
1954年
ニューヨーク国連
代表部勤務等を経て
条約局
条約課長
1972年
その後、在米国大使館
参事官、北米局参事官
などを歴任
条約局審議官
1981年
条約局長
北米局長、
駐マレーシア大使など
1984年
外務審議官
就任
1987年
事務次官
就任
1989年
駐米大使
就任
1992年
1
20
25
30
35
40

話題も豊富なので外交界の人気者で、講演の依頼も絶えないが、日本の栗山大使は英語はうまくても、いかんせん、話がおもしろくないので声がかからない」といった報告が総合雑誌でも紹介されていた。ちなみに韓国の韓昇洙大使はのちに外相にもなった国会議員出身、栗山氏のような職業外交官ではない。

繰り返すが、要は適性の問題なのである。

栗山氏の前任の村田良平氏も駐米大使としてはミスキャストだった。

村田氏も外務次官となった後、すごろくのあがりでワシントンに赴任したが、本来はドイツ語の専門研修を受け、外務省きってのドイツ通だったのだ。ワシントン駐在のドイツ大使が「村田大使のドイツに関する知識や素養には驚嘆します」と絶賛するくらいだった。

ところが村田大使はアメリカに関しては素人に近かった。英語の能力についても、本人自身が謙虚な態度で、ワシントンでの大きな会議に出たあと、

「私の英語力ではよく理解できませんでした」

などと率直にもらすほどだった。日ごろの言動にもワシントン勤務は〝苦手な、仮の任務〟という感じがにじみ出ていた。

村田大使は九二年春、ワシントン在勤二年ほどで突然、ドイツ大使へ転任した。駐米大使のふつうの任期は三年以上だったから、異常な中途転勤だった。統一ドイツが誕生したので、次官経験のある大物大使を、というふれこみだった。

だがワシントン・ポストの東京特派員は次のように報じていた。

「村田良平大使は任期なかばにしてワシントンを去れという唐突な命令を東京から受けた。外交当局者によれば、彼の罪はアメリカ側関係者に冷淡で、うちとけたつきあいが不十分だったことだとされている」

アメリカ人識者の手厳しい指摘

その村田氏のあとに、エスカレーターのように栗山元次官が駐米大使となったわけだ。さらに栗山氏の後任として一九九五年末にワシントン勤務を始めた斉藤邦彦元次官も「アメリカを知らない駐米大使」だった。

ちなみに斉藤氏はのちに田中真紀子外相によって更迭《こうてつ》された歴代四次官のうちの一人である。斉藤氏は、外交機密費詐欺事件の容疑者である松尾克俊元要人外国訪問支援室長が公金をマンションや競走馬につぎこんでいたとされる時期に、会計最高責任者の事務次官ポストにあり、最初に受けた処分だけではあまりに軽いと非難され、国際協力事業団（JICA）の総裁の座から追われたのだった。

斉藤氏は外交官としての専門外国語こそイギリスで英語を学んだが、それ以後の三十数年の外交官生活ではアメリカはもちろんのこと、イギリス、カナダなど英語国に在勤したことは一度もなかった。外国ではスイス、フランス、マレーシアに駐在し、大使としてイランに在勤したという経歴である。

日米関係がこれほど重層で広範になり、アメリカが日本にとってこれほど重要で身近となり、日本側の官民にはアメリカ体験を積んだ識者は無数にいるのに、日本国のアメリカでのトップの代表にはアメリカ未経験者が選ばれるのである。アメリカ側にはまったく知られていない人物が歴代大使としてやってくるのだ。

斉藤氏自身はまさにアメリカ経験がないという理由で駐米大使人事を固辞したが、周囲からの説得でやっと受けたという。

斉藤大使は九九年秋まで四年近いワシントン勤務では、それなりに実績を残した。外務次官にまでなる優秀な官僚だから、実務能力には長《た》けている。それに斉藤氏は大胆なところもあって、問題の書『ザ・レイプ・オブ・南京』の著者アイリス・チャン氏とテレビ討論で対決までしたが、それでも当初の一年以上はアメリカを知らないために、効率の低いパフォーマンスがつづいた。

さてそのあとに登場したのがこれまた外務次官を歴任した柳井俊二氏である。次官からのすごろくのあがりで、一九九九年九月から「ワシントンを知らない駐米大使」としてスタートした。ワシントン側ももちろん彼を知らない。この柳井氏も田中外相時代にクビを切られた一人である。機密費詐欺事件に対する次官としての管理監督の責任を問われたわけだ。

柳井氏の在外勤務はインドネシア、韓国などわりに短く、八八年から二年ほどサンフランシスコ総領事を務めた。だからアメリカを知っているとはいえるのだろうが、首都ワシントンに居をすえてアメリカの政府や議会を相手に仕事をした経歴はない。専門の外国語もフランス語であり、英語もそれなりにきちんと話すが、流暢というのにはほど遠い。

アメリカ側には手きびしい指摘もある。

ワシントンの研究機関「ニュー・アメリカ財団」のスティーブ・クレモンス副所長が語る。

「柳井大使も日本外務省のエリートなのでしょうが、他の外務次官経験者と同様に堅苦しく、停滞した感じで、とにかく現状維持に終始するだけで改革を感じさせません。日米関係の日本側代表としていま必要とされるのはダイナミックで活力にあふれる人物です」

国務省の元ベテラン日本担当外交官も、ワシントン地区の公共テレビの座談会に韓国、タイ、マレーシアの大使たちとともに出た柳井大使が、肩ヒジを張ったぎこちない対応をするのが気になった、と述べる。

「アメリカで高等教育を受けたことが明白な他の大使たちにくらべ、柳井大使は英語も堅苦しく、『野球はお好きですか』という次元の質問にも、まずじっくり考えてから答える感じでした。みているアメリカ人にリラックスした共感を与えないのです」

元駐日アメリカ公使で日米関係へのかかわりの深いウィリアム・ブリア氏も「駐米大使はまずアメリカで高等教育を受けたか、ワシントンに以前に勤務したことがあるか、この二点で機能の度あいが大きく変わるでしょう」と述べる。

柳井大使はこの二要件のいずれも満たしてはいなかった。

「条約局」エリートだけが〝ごほうび〟を享受

柳井氏ら歴代アメリカ駐在大使をみると、外務次官経験のほか東京での本省勤務が長く、とくに条約局の条約課長や審議官のポストを経たという人たちばかりである。

その経歴は気味の悪いほど似ている。まさに金太郎アメなのである。

松永信雄氏、栗山尚一氏、斉藤邦彦氏、そして柳井俊二氏と、ハンで押したように外務省条約局の条約課長、審議官、局長を務めている。村田良平氏も条約局参事官を経験した。

昭和六十年代までは、外務省内では条約局が他局の上位にあるとされた。次官レースでは条約畑で才能があるとみなされ、実績をあげることが必須なのだろう。

だがそうした才能が駐米大使の要件と重なるかどうかは、まったく疑問である。

いやむしろ歴代の駐米大使をみると、本省の出世レースでそつなく組織の階段を上る才能は、アメリカという外交の第一線でみずから動き、語り、訴えるという才能とはまったく異なるようにみえる。

日本の対米外交を長年、研究してきたジョージワシントン大学のマイク・モチヅキ教授は、そもそも外務省が駐米大使を独占することが時代遅れだと指摘する。

「日米関係がこれだけ多面的かつ広範になった時代に外務省の人間だけがアメリカに向かって

日本全体を代表する大使になるというのは、非効率です。日本の官民全体から適性のある人を選べばよいでしょう」

たしかに駐米大使という日本全体にとって超重要なポストが、アメリカを知らない外務官僚たちの出世のごほうびとなっている現状は、まずなによりも日本国民をバカにしているといえよう。

専門能力を無視した〝大使ころがし〟の実態

日本の外務省にとって大使ポストというのは、実際の外交の必要性とは無関係の、外務官僚の出世コースのごほうびや腰かけと化している。

これまでその出世の最終ゴールとされるアメリカ駐在大使について不適材不適所ぶりを報告してきたが、他の国に駐在する大使のほとんども同様である。

ある外交官OBは「大使ポストとは外務省の旧態の年功序列に基づく人事秩序を満足させるための道具にすぎない」と率直に認めた。

そんな実例を紹介しよう。

二〇〇一年六月、東郷和彦氏が欧州局長から正式にオランダ駐在大使に任命された。この人事は外務省内外でも注視の的となっていた。田中真紀子外相が「凍結」していた一連の人事のなかでも最大の案件だったからだ。

田中外相がこの人事に「待った」をかけたのは、欧州局長からオランダ大使というのが外務省の基準では輝ける〝栄転〟だからである。

田中外相からすれば、仇敵《きゅうてき》の鈴木宗男代議士と密着して、ロシアに対し北方領土の「二島先行返還」志向の二元外交を推し進めた東郷氏の栄転は許しがたい、ということだった。だから大使人事では「格」のより低いとされるニュージーランドあたりに東郷氏を送りたい方針だったという。

だがこの「左遷」構想も、東郷氏の任命がすでに相手国オランダのアグレマン（同意）を得る外交手続きをすませていたことを理由に外務官僚に阻まれてしまった。

この人事のごたごたで改めて鮮明にされたのは、日本外務省にとって駐オランダ大使というポストは日本の対オランダ関係とはなんの縁もない外務省高官の出世プロセスの腰かけとなっている現実である。

「休息」と「ねぎらい」の大使人事

東郷氏はロシアの専門家である。外交官としての専門外国語はロシア語を学び、旧ソ連時代からモスクワ勤務を重ねてきた。外交官僚としてはオランダとはそれまでなんの直接の関与もなかった。

東郷氏の前任のオランダ大使だった池田維氏（現ブラジル大使）にいたってはチャイナ・スクールである。中国語を専門とし、中国、タイなどアジアの勤務が多く、アジア局長まで務めたあとに、それまでなんのかかわりもないオランダに送られたのだ。

池田氏はオランダのあと、中国大使になる本命と目されていたが、先述のように親中派の橋本元首相に嫌われ、北京駐在の栄を逸した。だがオランダ駐在がより高い次の大使ポストへの待機場所にされたことには変わりない。現にブラジル大使となっているのだ。

池田氏のさらに前任として九六年一月までオランダ大使を務めた佐藤行雄氏（現・国連代表部大使）は北米局長を歴任したアメリカ派だった。これまたそれまでなんの縁もなかったオランダに送られたあと、ホップ・ステップ・ジャンプの文字どおり三段跳びで、オーストラリア大使から国連大使へと栄転を重ねている。

オランダ大使というのは次の栄転への単なる腰かけであると同時に、本省で局長職などの激務を務めた高級官僚たちへの「ご苦労だったから、オランダで二年ほど優雅に休息できる生活を送ってよいという褒賞《ほうしょう》」（外交官ＯＢ）の性格が強いのである。

イタリア大使も同様である。

日本の駐イタリア大使はイタリアとはなんのかかわりも、知識もない外務官僚たちが歴代、務めてきた。

そもそも大使ポストを独占する外務省のキャリア（Ｉ種）官僚たちが学ぶ専門外国語にはイタリア語はごく最近までまったく含まれていなかったから、構造的にイタリア語に堪能《たんのう》な日本の駐イタリア大使は誕生しえないのだ。

一九九〇年以来の歴代イタリア大使の顔ぶれをみると、浅尾新一郎、渡辺幸治、英正道、瀬木博基ら各氏とも英語が専門のアメリカ、イギリス派である。いまの林暘《あきら》イタリア大使はフランス語が専門だが、アメリカ勤務などが長く、これまた大使として赴任するまではイタリアとは無縁だった。

要するに、イタリアの「イ」の字も知らない官僚たちが日本からイタリアに次から次へと大使としてやってきて、二年ほどでみな去っていく、という繰り返しなのだ。日本とイタリアとの外交関係のあり方にふさわしい人物を大使として送るなどという発想はツユほどもない。

一定の入省年次の外交官僚たちの次のポストにいくまでの休息場所、あるいはイタリア大使で終わる官僚にとっては「次官や審議官になりそびれた官僚へのねぎらいのポスト」（外交官OB）なのである。

こんな大使派遣は、イタリア側で日本との友好や交流を真剣に考えている人たちにとっては侮辱でもあろう。

自国となんらかかわりもない日本人官僚がなにも知らずに大使としてやってきて、イタリアとの友好などを説きながらもすぐに去り、また同じく無知未経験の日本大使がやってくる。こんな外交姿勢ではどうみても日本がイタリアとの交流を大切に考えているとは思えないからだ。

だが日本国民にとってイタリアはなじみやすく、親しみの深い国である。対日感情も悪くない。

両国間ではとくに文化や芸術、ファッションなどの交流が幅広い。その一方、政治や経済の摩擦はまずないといえる。イタリアをよく知り、日本とイタリアのソフト面での交流の重要性までをよく理解した日本人がイタリア大使になったほうが望ましいだろう。

だからたとえば、思い切ってイタリアに造詣《ぞうけい》の深い女流作家の塩野七生《ななみ》氏のようなタイプの人物をローマ駐在の大使にして、四、五年つづけて活動してもらったほうが、両国の親善にはずっと寄与するのではないか。

ある外交官OBは繰り返し語った。

「外務省にとってイタリアに限らず、大使ポストは長年、働いた外務官僚を最後に満足させ、成仏させるための利権なのです。年功序列に従い、できるだけ多くの人間に甘い汁を吸わせようとする。そのことが後進にとっての励ましとなる。そんな目的の人事には日本の外交政策とか戦略はまったく反映されません」

「韓国大使はスペイン語の達人」

なるほど世界的に見回しても、自分の本来の専門の語学や知識、経験とはまったく無縁の国に日本大使として駐在しているという外務官僚はあまりに多い。

二〇〇二年六月現在のフランス大使の小倉和夫氏は、英語と日米経済や多国間経済の案件が専門のうえ、アジアに駐在したときには〝アジア派〟として欧米に対するアジアの独自性や優越性をしきりに強調していた。「東アジアの社会的システムを米欧に輸出すべきだ」とまで唱え、欧州の衰退をよろこばしげに語っていた。

ドイツ大使の野村一成《いっせい》氏は旧ソ連、ロシアの専門家である。また、九〇年代なかばには、ハーバード大学で博士号を取ったことを売り物にして対米外交で活躍した有馬龍夫氏がドイツ大使となったが、アメリカ通といえどもドイツでは現地事情も知らず、言葉もできず、「前任者の村田良平大使にくらべると、子供の水準のドイツ大使」と任地では評されたという。

韓国大使の寺田輝介氏はスペイン語の達人とされ、中南米の経験が豊富だが、アジア勤務はゼロに等しく、韓国語に本格的に接するのも初めてだという。

アジアのその他の国でもインドの平林博大使、インドネシアの竹内行夫大使（その後、外務事務次官に就任）、ベトナムの山崎隆一郎大使など、みなフランス語や英語、日米関係などの専門家で、いまの任地国については素人同然である。いずれも本省で局長や外務報道官という重要ポストを務めたあとの、ごほうび人事だといえよう。

現地の言葉を使う必要性がとくに強調されている中国やロシアでさえ、日本大使は門外漢だというケースが多い。

中国は阿南惟茂現大使、谷野作太郎前大使こそ中国語を本格的に学んだチャイナ・スクールだが、それ以前の佐藤嘉恭《よしやす》、國廣道彦、橋本恕《ひろし》、中島敏次郎各氏という四代にわたる大使は、なんとみな中国語が話せない中国大使とされた。たとえば佐藤氏は、もともとアメリカ関係の職歴が長く、駐米公使や経済局長を務める一方、中国に直接かかわった経験は大使赴任までゼロに近かったという。

ロシアでも九四年にイタリアから栄転した前述の渡辺幸治大使は外務省有数の知米派だったが、ロシア語もロシア問題も専門外だった。

専門の能力を無視したこの種の人事は、繰り返し述べるように、中国とかロシアという大国の大使ポストが「格」が高いとされ、外務官僚として功なり名をとげたとされる人物に勲章として与えられる要素が強いからである。

高校生のホームステイより短い大使勤務

日本の大使は任期がきわめて短いのも特徴である。

これまで、アメリカ駐在大使の任期が平均すれば三年余であることを伝えてきたが、その任期の長さは例外的である。

他の大使公使人事や一般外交官の人事は二年任期が平均なのだ。実際には二年にも達せず、一年などというびっくりするような短い在勤で任地の外国を引き揚げていくというケースも多い。

大使の任期は、発令と赴任の間に数か月のズレがあり、実際の在勤は公式任期より短くなるのが通例である。

なにしろ大使ポストは甘くておいしいパイなのだ。みんなで分けあって、仲よく食べたほうがいいに決まっている。

大使ポストもできるだけ任期を短くして、その恩恵が多数のベテラン官僚によって享受できるよう、ぐるぐると回すのである（第五章にも詳述）。

任期の短さという点で近年の日本外交でも新記録を作ったのは、前述の小倉和夫氏のベトナム大使勤務だった。

村山富市首相時代の一九九四年八月、外務省経済局長だった小倉氏はベトナム大使に任命され、ハノイに赴任した（発令は同年三月）。だが翌九五年五月にはもう外務審議官として東京への帰任が確定したという。だからきちんとした大使勤務はなんと正味八か月だった。日本の高校生のアメリカでのホームステイよりも短い大使勤務なのである。

村山政権はベトナムを日本のアジア外交の重要対象とし、村山首相が訪問する一方、ベトナム共産党書記長を日本に招いていた。そんな重要国へそれまで東南アジアとのかかわりが皆無だった官僚が大使として国費をたっぷり使って赴任し、現地で「新任の日本大使です」と挨拶《あいさつ》をして回ったとたんに帰り支度に入る、という展開だったのだ。

日本国民とベトナム側の両方をバカにした人事だといえよう。

小倉大使の短い在任中、ベトナム側は「日本軍はベトナム進駐中、コメ栽培をジュート麻に転作させ、二百万人を餓死させた」というプロパガンダを打ち上げた。虚構といえる誇大宣伝で、日本からのＯＤＡ（政府開発援助）の好条件獲得をからめていた。だが小倉大使はなにも反論しなかったという。

小倉氏は外務審議官のあと、九七年秋には韓国大使に任命され、その二年後にはフランス大使となった。審議官職を含めれば三段跳び以上の大使ポスト席巻《せっけん》である。

こんな短期間にこれほど異なる重要ポストにあいついで就くとなると、たとえスーパーマンでも、職務に関連する知識の十分な把握はむずかしくなる。

事実、韓国大使時代の小倉氏は東アジアの安全保障について基本的な無知を公の場でさらけ出した。雑誌『ＶＯＩＣＥ』九九年三月号に発表した論文で「アジア駐留米軍は中国の軍事力増強へのカウンターバランスや台湾海峡有事へのにらみという機能（動機）を持っていないし、持ってはならない」と断言したのだ。

実際にはアメリカの歴代政権はアジア駐留米軍に中国の軍事力増強や台湾海峡有事に対応する機能を持たせるという政策を明示してきた。日本政府もその政策を認めてきた。だが小倉氏はその明快な事実をも認識しない見解を発表したわけだ。日本国特命全権大使とは思えないお粗末さだった。

任期の短さでいえば、九二年七月にニカラグア大使に任命された荒船清彦氏（のちにスペイン大使）のぴったり一年という例もある。

地球の裏側の国まで大荷物を運んだすえの一年という時間がどれほど短く、どれほど非効率か、日本の民間企業の海外駐在員たちに聞けば、よくわかる。

大使の任期が一年半ほどにすぎなかった大使となると、前出の歴代イタリア大使のケースのように、もう例を挙げたらきりがないほどふつうのパターンとなってくる。

外国で長期に仕事をしたことのある日本人ならば、初めて住む国での一年とか二年の滞在はほんの助走期間にすぎないことをみな知っている。まして大使とか大使館員というのは日本国代表として民間機関以上に相手国になじみ、入りこみ、相手国の社会と人を知ることが求められるはずだ。

だが相手国をなにも知らずに赴任し、しかもせいぜい長くて二年だけ、場合によっては一年、あるいは八か月という超短期の勤務でさっさと引き揚げていくわがエリート外交官たちの業務パターンは、税金の無駄遣いとさえ思われてくるのである。

“出世階段の踊り場”総領事の優雅な生活

ワシントンの日本大使公邸の庭はサッカーの試合ができるほど巨大であった。私はこれまで十数年のワシントンの在勤でこの庭に入ったことが三回だけあった。毎年夏に日本大使が日本やアメリカのマスコミ関係者を家族ぐるみ招き、ガーデンパーティーを開く。その集いに加わったわけだ。

庭は緑の芝生に美しくおおわれている。周囲には水泳プールやテニスコートがゆったりと広がる。そんな庭に面した大使の住宅もとてつもなく広壮で、どこまで延びているのか一望では見当もつかない。

北京の日本大使公邸も構内の駐車場を兼ねた前庭は、文字どおり野球のゲームができるくらいの広大さである。建物の裏には豪華な日本風庭園が広がる。建物の地下にはこれまた豪華な屋内プールがあるというのだが、私は二年間の北京在勤中、大使館員専用だというこのプールには、入ることはもちろん、みる機会もなかった。この豪華な地下プールの存在については、日本大使館の人たちはなぜかほとんど語らない。

ハノイの日本大使公邸は新築のピカピカ、広大とはいえないが、目を奪われるほどのモダン建築の粋を集めた夢のように美しい建物だった。床も壁も大理石のようなツヤのある白い石づくりで、まさに白亜の殿堂ふうなのだ。空調がさわやかに効いて、外部の熱帯の暑気をまったく感じさせない別世界だった。

私もこれまでの長年の海外取材で数多くの日本大使公邸を訪れたから、最近では、ちょっとやそっとの豪華邸宅にはおどろかなくなった。だが最初のころはいつも「同じ日本人でも大使というのはこんな別世界に住んでいるのか」とびっくり仰天したものだった。

日本の一般国民に日本大使がどれほど豪華な住宅環境に暮らしているかを初めてまざまざと知らせたのは、一九九六年十二月にペルーの首都リマの日本大使公邸がテロリストに乗っ取られた事件だったといえよう。広大な公邸の模様が連日連夜、テレビの実況で映されたからだった。

この公邸は、もともとペルーの富豪が「映画の『風と共に去りぬ』に出てくるようなアメリカ南部ふうの家がほしい」という妻の希望を容《い》れて、建てた豪邸だったという。

しかし日本大使がいかに豪邸に住んでも、庶民の感覚で贅沢《ぜいたく》だとか派手すぎると、いちがいに非難することもできまい。なんといっても各国の日本大使公邸は、バブル崩壊からの〝失われた十年〟で尾羽《おは》打ち枯れたとはいえ世界第二の経済大国・日本のシンボルなのである。日本の体面も重要だろう。

だがそれでもなお、そんな夢のお城のような大邸宅に住む実態をみれば、外務省官僚がなぜ絶対に大使になりたいと欲するか、なぜ大使ポストを自分たちの間だけでタライ回ししてでも独占しようとするか、想像もつく。

しかし、大使や公使の豪邸はみなれたはずだと思っていた私も、ボストンの日本総領事公邸に足を踏み入れたときには、思わず息をのみ、茫然《ぼうぜん》とした。あまりに優雅で、あまりに高級そうな邸宅だったからだ。すっかり圧倒されてしまったのだ。

浮世離れした住環境

いまから数年前、ボストン近くのマサチューセッツ工科大学（ＭＩＴ）でのセミナーに参加して、他の日本人参加者とともに日本総領事公邸に招かれた時のことである。

ボストン市内の超高級住宅街にあるこの公邸は、うっそうとした緑の木立のなかに、いかにも由緒ありげで典雅な外観をもってそびえていた。邸宅の内部に入ると、二階まで吹き抜けのゆったりした空間にサロンが広がり、格調の高い家具や絵画で埋まっている。

典雅な外観と格調高い調度品で名が知られている在ボストン日本総領事公邸。一般市民にとってはまさに別世界。

窓外をみると、花や樹木を配した中庭がはるか遠くまで広がっていた。美しい庭の景観がちょうど夕方の薄闇《うすやみ》にややくすんで、周囲の木立の濃い緑ととけあい、幽玄とか夢幻とでも呼びたくなる雰囲気をかもし出していた。

正直にいって、この光景を眺めた瞬間、私は自分と同じ日本人、というより自分と同じ人間が、こんなものすごい優雅きわまる場所に毎日暮らしていることをなにかシュールレアル（超現実的）な現象のように感じたのだった。それほどの浮世ばなれした住環境なのである。

この総領事ポストというのも、くせものなのだ。

日本の外務省はいま全世界に約百二十弱の大使館を開いているほか、六十八の総領事館をもおいている。総領事館は大使館にくらべ、任務はずっと少ない。先述したように基本的にその地域に住む日本人の生命や財産の保護、そして日本への査証の発給が職務である。だがその総領事ポストについているのはみなその地を知らない外務省官僚なのだ。

領事業務は重要な職務だが、在留邦人や旅行中の日本人が領事館の世話にならねばならない場合というのは現実問題として非常に少ないから、総領事に課された日常の職務はせいぜい種々の式典に顔を出す程度だろう。地元コミュニティーと接触することは当然の任務だからだ。

北米では日本の総領事館はまずアメリカにボストンをはじめサンフランシスコ、ロスアンジェルス、アトランタ、シアトルなど計十七か所、カナダにはトロント、バンクーバーなど計四か所もある。そのうちの多くがエリートのキャリア（I種）外交官たちのための総領事ポストとなっている。
キャリア外交官にとってアメリカ駐在やイギリス駐在の大使がすごろくのあがりだとすれば、サンフランシスコ、ボストン、ロスアンジェルス、アトランタなどの総領事はエスカレーターの乗り継ぎ中継の一時休息所だろう。階段ならば、ほっと一息つける踊り場におかれた安楽イスのようなものである。

とくにサンフランシスコとロスアンジェルスの総領事は外務省の主流中の主流が重要ポストにつく前の短期間を過ごす休息地のようになってきた。前駐米大使の柳井俊二氏は条約局長になる前の二年ほどサンフランシスコ総領事を務めた。

いまの駐米大使の加藤良三氏はアジア局長となる直前、サンフランシスコ総領事だった。加藤氏のサンフランシスコ在勤はほんの一年三か月ほどだった。

九九年七月までロスアンジェルス総領事だった谷内《やち》正太郎氏は条約局長に栄転して東京にもどり、その後すぐ総合外交政策局長に昇任した。谷内氏の後任の西田恒夫ロスアンジェルス総領事は二〇〇一年三月に経済協力局長となった。ロスアンジェルス在勤はわずか一年半たらずである。

サンフランシスコもロスアンジェルスも在留邦人が多いだけでなく、日系アメリカ人の社会が大きく広がっている。巨大で伝統のある日系人社会である。

日系米人はあくまでアメリカ国民だとはいえ、日本には独特の思い入れや親しみがある。日本の総領事はそれに対応するための日本のシンボルとして重要な役割が期待される。日系社会との円滑なきずなを築かねばならないのだ。

そのためには地元の社会と人とをよく知って、密接な交流を重ねなければならないだろう。

「しかし最近の歴代の日本総領事はみな一年半とか二年というごく短い任期でつぎつぎに赴任してては、またすぐ去っていくという繰り返しなのです。こちらとしてはやっと顔を覚えたころにもういなくなるという感じで、親しい気持ちは抱けません。日本の代表への親近感が持てないと、日本への親近感もどうしても減っていきます」

ロスアンジェルスの日系二世のビジネスマンはこんな不満を表明する。

米総領事に中国専門家が起用される不思議

アメリカの他の都市の総領事ポストは外務省の中国専門家の休息所にも使われてきた。アトランタとシアトルの総領事には伝統的にチャイナ・スクールの代表が送られることが多く、最近では阿南惟茂氏（現・中国大使）や宮本雄二氏（前・中国駐在公使／現・軍備管理大使）がアトランタ総領事を務めた。

アメリカ南部のアトランタや西海岸のシアトルの日本代表になぜ中国問題を専門にしてきた外交官が選ばれねばならないのか。そんな人事にはなんの必然も合理も感じられない。あるのはただただ外務省内部の硬直した人事制度上の勝手なからくりのみである。

中国専門に取り組んできた人たちを中国とはまったく共通項のない西側の自由な国の日本代表とし、しかも外部からのチェックが少ない総領事という一国一城の主に祭り上げてしまうと、祭り上げられたほうも、いい気になってしまうのか、奇矯《ききょう》な言動に走るケースも出てきてしまう。自分の妻を殴ったために地元カナダの警察に逮捕されてしまったバンクーバーの日本総領事がその典型だった。

一九九九年二月、バンクーバーの下荒地《しもこうじ》修二総領事（現在は外務省管轄下の日本国際問題研究所に勤務）は公邸で妻を殴って、負傷させた。妻のケガの手当てをした病院が警察に通報し、下荒地総領事への逮捕状が執行された。カナダでは家庭内暴力への刑事処分が厳しく、下荒地氏は外交特権があっても現行犯ふうの扱いを受けたのだった。

さらに下荒地氏は警察に対して妻を殴ることも「日本の文化の問題だ」と述べたと報道され、事態は国際的なスキャンダルにまで発展してしまった。

この下荒地氏が外務省内ではちゃきちゃきのチャイナ・スクールだったのである。

たとえ妻を殴るという行為自体の非を別にしても、同氏がもし現地のカナダ当局の家庭内暴力への対応についてよく知っていれば、夫婦間の出来事をそこまで大きな醜聞にしてしまうことは避けられたはずだろう。

不祥事続発後、外務省が抜き打ち査察まで実施して調査した結果、判明したアメリカのデンバー総領事の疑惑も似たようなケースといえよう。このデンバーの水谷周《まこと》総領事は公費を使って高価な絵画や洋酒を買ったり、公費を家族のパーティーや会食の費用にあてていたというのである。ちなみにこの水谷総領事はデンバーに来る前はブラジル大使館、その前は本省のアジア局、国際情報局に勤務していた人物である。

このようにわが外務省の外交人事は大使だけでなく、総領事までも不適材不適所なのである。総領事ポストには外務官僚ではなく、政界や財界、学界から現地をよく知る人、現地にきずなの深い人を選び、四年ぐらいはじっくりと腰をすえ、地元との密接な関係を築くことに専念してもらったほうが、日本のためにはずっと得策だろう。ロスアンジェルスやサンフランシスコ、さらにはアトランタなど、みな現地で長年、活動した日本人ビジネスマンのOBでも総領事にしたほうが在留邦人や日系米人の社会にとっては、ずっとプラスになるといえる。

だが外務省は、人員の配置には任地に必要な経験や能力を問わず、入省年次や相互の昇進バランスを最大指針として、もっぱら原則的に二年ごとの周期でキャリア外務官僚に対しつぎつぎと新しいポストを与えていく、というふうなのだ。

海外在勤の大使や公使、総領事だけでなく、本省の局長とか審議官という要職までも、その任命はあくまで年功序列で二年、あるいは一年半ごとに、タライが回されていくのである。

七十人以上の人質を残して「定期異動」

こうした化石のような旧態の体制はときには、ぞっとするような事態までを引き起こす。

ペルーの日本大使公邸占拠事件の大詰めの九七年四月十日、まだ七十人以上もの人質がテロリストたちの手のなかにあるのに、日本側の現地の責任者である現地対策本部長の佐藤俊一氏は「定期異動」で更迭されてしまったのだ。テロリストはあせりをみせ、ペルー当局は実力行使への姿勢を強めており、多数の日本人ら人質の生命への危険が急速に高まっていたのに、日本外務省の現地責任者はさっさと現地を離れ、日本へ帰ってきたのである。ペルーの特殊部隊が公邸に突入して、人質を救ったのは、この「人事異動」の十二日後、四月二十二日だった。

佐藤氏はそもそもペルーの事件が起きた九六年十二月の時点でたまたま中南米局長ポストに就いていたというだけで自動的に現地対策本部長にされて、現地のリマへと急派された。だがペルーはもちろんのこと中南米についての知識も体験もゼロに等しかった。この種の事件への対策では致命的な重みを持つ現地語のスペイン語もできなかった。

佐藤氏はフランス語を学んだヨーロッパの専門家で、それまでの経歴もフランス公使、モントリオール総領事、文化交流部長など、中南米とはなんの関係もなかったのである。

公邸内部に閉じこめられた青木盛久大使もペルーの実情を知らず、スペイン語もできず、外部で対策の指揮をとる佐藤本部長も現地に関してはまったくの無能力だった、ということになる。

そんな「責任者」たちに日本国民多数の命がゆだねられるとは、なんとも恐ろしいことではないか。

しかも佐藤本部長はペルーの日本大使公邸乗っ取りが未解決なのに、大使への栄転人事の時期がきたことを優先させる形で、あっさりと日本へ帰ってきたのだ。そしてポーランド大使に任命された。慣例どおり、その二年半後に異動があり、ベルギー駐在の大使となった。ペルーでの〝敵前逃亡〟にもかかわらず、あいかわらずの「定期」で栄転の異動を重ねていったのである。

あまりに異質な日本の「レイム・ダック」大使

アメリカ駐在の中国大使の楊潔篪《ヤンジェチ》氏が英語で演説をし、質問に答えるのをじっくりと聞く機会を得た。二〇〇一年七月二十四日、ワシントンのナショナル・プレスクラブの昼食会だった。

楊大使はその年の四月に赴任したばかりだった。その時点で五十一歳、ワシントンの各国大使のなかでは若手といえる。だが若くても、新任でも、正確で、なめらかな英語でのスピーチはなかなかだった。中国政府の立場をそれなりにきちんと説いていく。

「アメリカの人たちは中国政府の法輪功への対応を弾圧などと批判しますが、法輪功は国家安全保障を脅かす危険な集団なのです。どの国の政府も自国の安全保障に脅威が及べば、同様の対応をとるでしょう」

楊大使は落ち着いた口調で、こんなことをさらりと述べるのだ。

アメリカのジャーナリストや議会関係者、ビジネスマンらからつぎつぎにくり出される辛辣《しんらつ》な質問にも、たじろがずに要領よく答えていく。中国の問題もアメリカの事物を比喩《ひゆ》に使って、わかりやすく説明する。とにかくアメリカ人との英語でのやりとりにすごく慣れている感じなのだ。

そんな練達ぶりも楊大使の経歴をみると、なるほどとうなずける。イギリスの大学で英語の研修を受けたあと、中国外務省ではアメリカ担当の英語通訳となり、一九七七年には、現在のアメリカ大統領の父のジョージ・ブッシュ氏が訪中した際、十六日間、同行し、チベットまでともに旅をして知己《ちき》を深めた。

楊氏は八三年から四年間はワシントンの中国大使館に勤務し、北京でも対米外交を担当して、九〇年代にはまたワシントンにもどって、大使館次席まで務めている。

要するに中国外務省でも対米外交のプロ中のプロなのだ。だから米軍の偵察機が中国軍機と接触して、海南島に不時着陸し、米中関係が一触即発の危機を深めていた時期に、ワシントンに赴任してきても、すぐに難儀な対米交渉をそつなくこなしていった。

同じ職業外交官の駐米大使でも、任地ワシントンを知る度あいでは、わが日本の歴代大使とはなんと違うことか。

ワシントン勤務の経験もなく、アメリカで働いたこともない外務事務次官歴任者が、功なり名をとげた「名誉の報酬」として、順番に駐米大使のポストを与えられるという日本の外交システムは他の諸国とくらべてもユニークである。

ワシントン勤務が長いことで有名なサウジアラビアのバンダール・ビン・サルタン大使は職業外交官ではなく国王と血縁関係にある王族である。アメリカで高等教育を受け、さらに戦闘機パイロットの訓練まで受けた知米派で、もうワシントン在勤二十年に近い。歴代の共和党政権とはとくに親しく、ワシントンの政界に深くくいこんだ大使とされる。

他の諸国にはこうした非外交官を特別の政治任命大使としてワシントンに送りこむというケースが多い。

韓国の梁性喆《ヤンソンチョル》大使は金大中大統領に直結する政治家である。国会議員から駐米大使に任命されたが、もともと一九六〇年代から七〇年代にかけてはアメリカに留学し、学位をとって、ケンタッキー大学で教授にまでなったアメリカ通の学究派である。その後、韓国にもどって、大学教授から国会議員へと転じた。

インドネシアのドロジャタン・クンジョロ・ジャクチ大使はハビビ、ワヒド両大統領から高い評価を受けた著名なエコノミストだった。やはり長期のアメリカ留学経験を有する。

一方、イギリス、フランス、ドイツなどの各国は駐米大使にはキャリア外交官を任命する場合が多い。だが大使となる外交官はみなアメリカ経験の豊富な人物ばかりである。

たとえばドイツの新任のウォルフガング・イッシンジャー大使もキャリア外交官ではあるが、高校生のときにアメリカに留学した経歴があり、大学院での研究もボストンのフレッチャー・スクールでだった。外交官としてのワシントン勤務経験もある。要するにアメリカを熟知しているのだ。

社交界の花形や元捕虜……米大使の多士済々

さて、ここらでアメリカの大使任命の実情を眺めてみよう。日本とはもっとも対照的なシステムがアメリカなのである。正反対とさえいえる。

全世界に送られるアメリカの大使たちは、アメリカ社会そのものの反映のように、男女とりまぜ、年齢も職業も人種的な背景もじつに多種多様なのだ。

一方、日本はみな五十代から六十代の男性の外務官僚ばかりである。これを映像でたとえれば、カラーとモノクロのコントラストとなる。

日本の大使がごく少数の超例外を除いて、すべて外務官僚によって占められているのに対し、アメリカは国務省のキャリア外交官以外の民間や議会からの大使登用が常に全体の三分の一ほどに達している。しかも主要国への大使はみなキャリア官僚以外の人材を起用しているのだ。

クリントン政権時代には全大使百六十二人のうち五十四人が国務省以外からの政治任命と呼ばれる登用だった。

そのうち、いかにもアメリカらしい典型は駐フランス大使のパメラ・ハリマン女史だろう。

著名な外交官アベレル・ハリマン氏の未亡人である女史はもともとはイギリス人で、最初の夫はチャーチル首相の息子だった。九二年の大統領選挙でクリントン候補を物心両面で応援した。その功績をかわれての大使任命ではあったが、フランスとのなじみは深かった。パリには少女時代に留学していたほか、チャーチル氏との離婚後にロンドンから居を移し、パリ社交界の花形となっていたのだ。

ハリマン女史は大使に任命されたとき、すでに七十代だったが、妖艶《ようえん》な魅力をふりまき、パリでは水を得た魚のように活躍した。ただしパリ在勤中、日課の水泳をしていて、急死している。

クリントン政権下でアメリカが国交を回復したベトナムへの最初の大使に選ばれたのは、なんとベトナム戦争中にハノイ側に六年半も捕虜になっていたピート・ピーターソン下院議員だった。ピーターソン氏は一九六〇年代に空軍パイロットとして北ベトナム爆撃に加わり、撃墜されたのだ。

アイルランド駐在の大使に任命されたジーン・ケネディ・スミス女史は、故ケネディ大統領の妹で、アイルランド系米人社会の活動家だった。祖父の国アイルランドとのきずなが長年、深いことをかわれたわけである。

韓国駐在のジェームズ・レイニー大使は若いころ韓国に宣教師や大学教授として長年、在住した。アメリカにもどってからも朝鮮半島の研究をつづけ、大学の教授となっていた。

ジム・ササー駐中国大使は元上院議員、ササー氏のあとを継いだジョセフ・プリアー大使は米軍の太平洋軍司令官からの転身だった。イギリス大使には同じ軍人出身のウィリアム・クロウ元米軍統合参謀本部議長が任命されていた。

アメリカ大使は知日派重鎮、日本大使は顔も分からず

クリントン政権での最初の駐日大使は周知のようにフリッツ・モンデール元副大統領だった。後任はトーマス・フォーリー元下院議長である。いずれも与党の民主党の大物政治家であり、ときの政権の中枢に直結していた。それになによりも日米両国での知名度が高い。

アメリカのこうした大使選びの基本は二〇〇一年一月からスタートした共和党のブッシュ政権になっても変わりはない。

駐日大使に任命されたハワード・ベーカー元上院院内総務は共和党の重鎮である。ブッシュ大統領も一言、声をかけられれば、耳を傾けざるをえないだけの実績ある人物だ。ナンシー夫人も上院議員だった。

このへんの日米ギャップについて日米関係研究を三十年近く専門にしてきたロナルド・モース氏（国務省、国防総省、メリーランド大学などで日本関連ポストを歴任）は、はっきり日本のシステムを批判している。

「日米関係がこれほど広範で重層となると、大使にはそれぞれの自国で影響力や名声を持ち、なおかつ相手国にもよく知られた人物が不可欠となりました。アメリカ側はライシャワー教授に始まり、マンスフィールド元上院院内総務、モンデール元副大統領など著名なリーダーを日本へ送りつづけています。日本もそろそろ答礼をする時期でしょう。日本側がいまのようにアメリカ側でだれも知らない官僚しか送らないのは、明らかに外交上の損失となっています」

ブッシュ政権で最近、中国大使となった弁護士のクラーク・ラント氏はブッシュ大統領とはエール大学時代からの旧友だが、中国の専門家でもある。八〇年代に北京のアメリカ大使館に勤務したあと、民間に転じて、香港に駐在し、中国とのビジネス関連の法律業務を十数年も手がけてきた。

イギリス大使に任命されたウィリアム・ファリシュ氏はテキサスの大富豪で、ブッシュ一族と親しいほかに、競走馬の育成事業を通じてのエリザベス女王との三十年近い親交があるという。

もっと変わり種はモロッコ駐在大使に選ばれたマーガレット・タットワイラー女史だろう。共和党の活動家の女史は前のブッシュ政権では国務省報道官として全世界にその豊満なイメージを広めた。CNNテレビで女史の姿を連日みていたリビアの最高指導者カダフィ氏が「彼女が大好きになったので、もし彼女も私に好意を感じてくれるなら、次にテレビに出るときはグリーンの服を着てくれ」とラブ・コールを送ったという話は有名である。

これほどにアメリカの大使には色とりどりの人材が選ばれるのだ。

「まもなく引退」の日本大使への視線

一方、官僚のみの硬直化した日本の大使任命システムには、もうひとつ、大きな弱点がある。それはアメリカ、ロシア、イギリス、フランスなど主要国駐在の日本大使はみなその職務が

「すごろくのあがり」であり、そのポストを最後に外交活動を終えるという特殊性である。この点、日本外交を長年、考察してきたアメリカの元政府高官がぽろりともらした言葉がある。

「日本の主要国駐在の大使たちはすべてレイム・ダックですね。任地国側でもそれがわかっているから、日本大使の外交活動には迫力がなくなります」

レイム・ダックとは本来の「足の不自由なアヒル」という意味から転じて、政治関連では「もう落選や引退の決まった政治家」を指してよく使われる言葉である。さらに一般的に「無力な人物」という意味にもなる。

この場合、日本の大使たちはそのポストを終えれば、あとはもうすごろくに精を出す必要はなく、定年で退官し、日本の外交にも国政にも直接にかかわることはおそらくもう永久にない展望がはっきりしているため、相手国側に重みを感じさせない、という意味の考察だった。

たしかに二〇〇一年夏の時点でみれば、駐米大使の柳井俊二氏も、イギリス大使の林貞行氏も、フランス大使の小倉和夫氏も、ロシア大使の丹波實氏も、川島裕次官より入省は先輩であり、現在のポストを終えれば、年功序列に従い、外務省を去ることが確実とされていた。

中国大使の阿南惟茂氏は異例の二段跳びで現ポストに就いたため、初めての大使赴任だが、年来の中国大使はすでに他の国に大使として勤務した外交官の最終ポストである。前任の谷野作太郎大使も、その前の佐藤嘉恭大使も北京勤務のあとすぐ外務省を去り、それぞれ東芝と日中友好協会に就職した。

相手国の側としても、いまいる日本大使はもうこのポストのあとは必ず引退し、外交から離れるとわかっていれば、迫力を感じなくなるのは自然であろう。レイム・ダック外交のシステム的弱点がここにあるわけだ。

日本外交にとっても、こういうメカニズムでは外務省のベテランがアメリカ大使として得た体験や知識を対米外交に活用するということはできない。イギリス大使としてせっかくいろいろ習熟しても、その成果を外交に使う機会はもう与えられない。せいぜい天下り先の商社や電力会社などで大使時代に培ったコネや知識を活かそうとするぐらいとなる。レイム・ダック大使たち本人も目前に迫った引退の展望に心を奪われ、次の就職先の心配をするとなると、かんじんの外交活動にも影響が及びかねない。

この点、一九九〇年代なかばまで韓国のアメリカ駐在大使を務めた韓昇洙氏のケースは対照的だった。もともと政治家だった韓氏はワシントン勤務を終えたあと、青瓦台秘書室長、つまり大統領に直結する官房長官役に登用され、活躍に活躍を重ねた。金大中政権下での韓氏がその後、外交通商大臣として日本の歴史教科書の問題などで活発な言動をみせていたのは周知のとおりである。

韓氏と同じ時期に駐米大使だった栗山尚一氏はその直後、引退し、早稲田大学の客員教授となった。官房長官と、客員教授と、次のポストとしてどちらに就く大使に相手国側が重みや迫力を感じるかは自明であろう。

反論

駐米大使から届いた抗議文

［編集部注］一連の大使人事批判を『SAPIO』誌に連載中の二〇〇一年十月下旬、当時、駐米大使を務めていた柳井俊二氏より反論の書簡を受けとり、同誌にも掲載した。以下その反論とともに、これに対する古森氏の再反論も併載する（表記の小さな修正以外は同誌掲載時のままとした）。

古森　義久殿

拝啓、

日を重ねる毎に秋の深まりを感ずる季節となりました。ご健勝にてお過ごしのことと存じます。さて、SAPIO誌に連載中の外務省に関する記事につきましては、興味深く拝見しております。外務省員の人事については、大使をはじめとして一任地における勤務期間が短すぎるとのご指摘については、そうしたケースもあることは認識しておりますが、他方、一連の記事の中には必ずしも実情を反映していないと思われる点も多々ございます。できれば離任前に直接お会いしてじっくりと意見交換をさせていただきたいと考えておりましたが、残念ながらお互いの日程の都合上、叶《かな》いませんでしたので、気づきの点をメモ書きの形で申し述べさせていただきます。今後、貴殿が外務省について執筆される機会があれば、これらの諸点を参考にして頂ければ幸いです。

1. 大使人事について

（1） 貴記事におきましては、大使人事が適性よりも外務官僚への「出世のごほうび」とされ、相手国とは何等事前のつながりもなく、任地の言語もできない大使が赴任している、として、その例として駐米大使が外務次官に最後の栄誉として与えられるポストと化している旨記述されています。

大使ポストは、当該国における日本政府を代表するものとして、政治・経済・文化交流等の多岐にわたる分野に係る諸課題に対応する総合的な知識、経験、能力が求められることから、種々の要素を考慮しつつ、適材適所の観点より人事が決定されてきております。駐米大使については、いうまでもなく日米間の同盟関係をマネージし、強化していくことが重要な任務ですが、これに止まらず、現代における唯一の超大国たる米国との間で、中東やアジア、アフリカといった他の地域情勢への取組、また政治・安全保障のみならず、日米経済関係はもとより、世界経済の問題や環境問題をはじめとする地球規模での諸課題等への取組といった点についても、意見交換を重ね、政策協調を図っていく必要があります。私を含め、条約局長及び外務次官経験者が駐米大使を務めている事例が多いことについては、条約局は日米安全保障条約の運用といった重要な問題に関し大きな役割を果たしてきていること、また、特に総合外交政策局が発足する以前は、条約局が省内において地域局・機能局の双方の面を唯一横断的に扱い得る立場にあったことを一つの背景として指摘させて頂きたいと思います。また、外務審議官、外務次官としての職務においては、我が国外交の基軸である日米外交に深く携わってきており、在米国において研修を行っていないこと、在米大使館勤務経験がないことがすなわち「アメリカを知らない駐米大使」であるとのご指摘は当たらないと思います。

なお、任地の言語が流暢であることも一つの重要な要素ではありますが、任地の言語を解さないこと自体が当該国の大使として不適切であるということではないと思います。この点については、古森様も高く評価されておられる歴代の駐日米大使の多くが日本語を解さないことを例にひくまでもないでしょう。なお、在任中の地道な努力により、現地の言葉を使いこなせるまでになった大使の例は数多くあると認識しております。

（2）また、主要国における我が国大使は、その職務が「スゴロクのあがり」であり、他国より「レイムダック」とみなされているとのご指摘がありますが、当該ポストを以て職業外交官としての職務を終えることを以て他国から軽視されるという事実はありません。このことは、職業外交官の最終ポストとして駐米大使を送っている欧州等主要国の例を見ても言えることです。なお、主要国大使を政治的に任命するシステムについても、時の政権への大口献金者や選挙キャンペーン功労者が、大使としての適性とは別の配慮により大使に任命されるといった事例もあり、政治的任命が必ずしも「適材適所」を保証するものではないことも念のため申し添えたいと思います。

2．総領事人事について

総領事人事に関し、北米地域の総領事ポストが「一時休憩所」、「安楽イス」であるとの記述がありますが、私自身、2年7ケ月間、サンフランシスコ総領事を務めた経験から申し上げれば、北米地域の総領事館は、当該管轄州との関係において国と国との関係と同じくらい、またはそれ以上の重要性を有しており、総領事も管轄州の州議会への働きかけ、州知事を初めとする州政府関係者との緊密な意見交換、進出日本企業、在留邦人との連携強化等、極めて広範な業務をこなすことが求められています。私は、サンフランシスコ在勤中は、ジャパン・バッシング対策のための州議会対策に奔走しましたが、そうした経験は駐米大使としても連邦議会対策に大変役立つことになりました。

3. 人事システム全般について

（1）外務省人事については、封建的、硬直的であるとのご指摘をされていますが、外務省においては、競争的な人事政策の一環として、専門職職員、Ⅲ種職員においても優れた能力を有する職員は登用されるシステムとなっており(注)、また実際に専門職、Ⅲ種職員においても、総領事、大使として活躍されている事例も多く存在しています。(注：昨年度に新たにⅠ種職員として登用された外務省員は18名、全国家公務員67名中、トップとなっています。)連載記事にてご紹介頂いた花田駐モンゴル大使に加え、今川元駐カンボディア大使は、カンボディア語の専門家であり、和平からUNTACに至るプロセスにおいて、主要国で唯一クメール語の使い手である大使として目覚ましい活躍をしました。今川大使が築いたシハヌーク国王等との緊密な関係は、他国の大使の追随を許しませんでした。

本年10月現在で、大使・総領事職を務める182名のうち、約4分の1に当たる45名が外務Ⅰ種採用職員以外の外務省員であり、他省庁・民間出身者も10名おります。同様に、外務Ⅰ種試験に合格したというだけで本省における課長ポスト、あるいは在外における大使ポストが約束されているかの如き記述がありますが、これも事実とは異なります。実際、私から遡《さかのぼ》って5年間（昭和31年試験～35年試験）に80名がⅠ種として入省しておりますが、うち7名は大使となることなく外務省での勤務を終えております。

（2）また、外交官が研修語学とは異なる国に赴任することは、寧《むし》ろ、赴任国においてその専門性を活かし、拡大することにつながりますし、また、当人が狭い偏った視野に陥ることなく、本人にとっても外交官としての総合的な能力を高めることにつながります（例えば、アラビア語研修者が在米大に勤務することは、中東政策をフォローするとの観点から、在米大にとっても本人にとってもプラス）。また、広い視野を持ち、多くの複雑な問題を扱うことのできる立派な外交官に育つためには幅広い分野の経験が重要という観点からも、これを単純に不適切な人事と見ることは適当ではないと思います。先に申し述べたとおり、駐米大使が極めて幅広い分野、複雑な諸問題に取り組むことが必要となることに鑑《かんが》みれば、キャリアの殆《ほとん》どをワシントンと本国との往復で過ごし、他の世界を全く知らない外交官が最も望ましい駐米大使像と言えるとは思えません。

4．大使・総領事公邸について

連載記事においては、大使・総領事公邸の豪華さは、外務官僚にとって、大使・総領事が「利権」であり、「甘い汁」を吸おうとすることを示す一つの証左であるとの記載がありますが、日本大使・総領事公邸は、当該国政府関係者・有識者等との懇談・意見交換を通じた人脈形成・情報収集、更に日本文化紹介のための種々の行事の実施等といった公的機能を果たす重要な外交活動の拠点であり、こうした活動を行うために適切な規模・内装の応接間・食堂・ホール等の公的スペースを備える必要があります。また、公邸には我が国を代表する建物として、周辺環境・建物外観への配慮、緊急時の邦人保護機能を備えること等も必要です。また、何といっても、任国の国民にとって、日本大使公邸は、日本を代表する顔として、受け止められており、世界第二位の経済大国として、我が国の国力に見合ったしかるべき公邸を保有する必要があります。こういう観点から、諸外国の大使公邸を見た場合、主要国の大使公邸はおしなべて非常に堂々とした立派な建物である場合が多いと思われます。いずれにしても、公邸を個人の住居の延長として認識することは適当ではなく、因みに、現在の在米大使公邸建設に際しては、当時の田中総理大臣より、日本の顔として恥ずかしくない立派な公邸にすべしとの指示がありました。

以上、貴殿のSAPIO連載記事のうち、私の四十年に亘《わた》る外務省員としての経験に照らし、特に気になる諸点を記させて頂きました。今後とも、貴殿が日本の外交に関心を払っていただくと共に、国民に我が国外交の真の姿と今後のあるべき将来展望を正しく伝えて頂けることを切に希望しております。

末筆ながら、貴殿の益々《ますます》のご清栄をお祈り申し上げます。

敬具

平成13年10月26日

柳井俊二

再反論

やはり、大使人事は〝不適材不適所〟だ

雑誌『SAPIO』での私の報告に対し、二〇〇一年十月末までワシントンで駐アメリカ大使を務めた柳井俊二氏から丁重な書簡を受けとった。

この書簡を直接、私に送ってくれた在米日本大使館の佐藤悟公使の説明では、柳井氏にとってこの書簡の作成が期せずしてワシントンでの最後の仕事、つまり四十年にわたる外交官生活の最後の仕事になったとのことである。

このこと自体は偶然の結果だといえる。柳井氏は当初、もう少し早い時期に私との直接の顔あわせで、じっくり自分の見解を伝えたいと述べ、私も同意していたが、主として私が中国でのAPEC（アジア太平洋経済協力会議）の取材に出かけねばならなかったことから日程がどうにも合わず、時間がずれての書簡となったからだ。

しかしそれにしても柳井氏が離任のまさに最後にこの書簡を記したのは、外務省を思う真摯《しんし》な心情からであろう。外務省の一連の不祥事や田中真紀子外相という空疎なモンスターによって変則な形での辞任を強いられた柳井氏が、わざわざ任期の最終段階での超多忙な日程の時間をさき、私の報告の「必ずしも実情を反映していないと思われる点」へのかなり克明なコメントを記したのも、よりよき外務省、よりよき日本外交を思っての責任感からであろう。

柳井氏のそうした姿勢には素直に敬意を表し、あわせて四十年を日本の外交に捧《ささ》げてきた柳井氏の労苦にも心からのねぎらいを送りたい。

外務省のあり方に関連しては、いまこの稿を書くさなかにも、サンフランシスコ総領事館での金銭や男女の関係にからむスキャンダルが大手週刊誌で伝えられた。在外公館を舞台とする醜聞は尽きず、私自身もその種の話は直接に数多く知ってはいるが、私の報告の対象はあくまで公人としての外交官の職務や外務省の制度のあり方に限ってきた。

私の報告のなかで登場人物は原則としてすべて実名をあげているのも、主題をあくまで外交官の公人としての公務のあり方、そして外務省の制度や構造、慣行のあり方においたからである。その当然の前提はよりよき日本外交の実現への期待である。柳井氏もおそらく私のこうした基本的な姿勢を認識したからこそ、このような反論を寄せたのだと、私は勝手ながら推測している。

しかし柳井氏の書簡の具体的な指摘に対しては、私としても反論せざるをえない点は多々ある。

問題にしているのは対米アピール能力

まず第一の「大使人事について」に対してである。

柳井氏は、駐米大使はたとえアメリカでの研修や勤務の経験がなくても、条約局長や次官、審議官を経れば十分に勤まるし、適任だとも主張する。

しかしこの主張は駐米大使の日米両国の行政府間での事務処理能力しかみていない。しかもあくまで既成の外務省独占の年功序列大使人事の枠組みを前提としている。年功序列が最高至上の第一基準となるようなこの人事を私は「すごろく人事」と評してきたが、入省年次の後先が最大要因となる点では「エスカレーター人事」とか「ところてん人事」と呼んだほうが正確かもしれない。

日本の駐米大使は、唯一の超大国かつ日本の同盟国たるアメリカに向けての日本の「顔」である。日本の政府だけでなく国民を代表するスポークスマンでもある。その任務は単に国務省とかホワイトハウスという行政機関の日本担当者たちとの連絡や調整に留まらない。アメリカ国民に向けての直接のアピールやアメリカ連邦議会の議員たちとの直接の討論までが重要な責務となる。

アメリカ勤務、ワシントン勤務の経験のない外務官僚でも行政機関との連絡や調整ならそつなくこなせるだろう。日本からくる国会議員の世話という、どの大使館にとっても最優先の業務も同様である。柳井氏が「条約局長および外務次官経験者の駐米大使」でもだいじょうぶ、というのは、このへんの範囲の職務に限っては、まさにそのとおりであろう。


日本とアメリカはいうまでもなく長年の同盟国同士である。両国の行政機関の連携の枠組みは緊密に築かれ、大使がどんな能力の人物でも、ある程度は円滑に機能できるようなメカニズムがすでにできている。行政機関の周辺でも日本の駐米大使というだけでそれなりに認知を受ける場合も多い。

それに外務次官を経てきた人物なら、一般的な外交能力も高い。ワシントンでの既成の日本外交の枠組みのなかで、少し時間さえかければ、単なる連絡や調整のレベル以上の活動もできるようにはなるだろう。

しかし駐米大使は着任してすぐでも、たとえば南京虐殺本の著者アイリス・チャン氏のような相手とのテレビ討論への出席を迫られる。日本軍の捕虜だった元米軍人の訴訟問題のような神経を過敏にせざるをえない案件でアメリカ議会の議員たちへの説得工作が必要ともなる。行政府の外部に向けてのこうした活動こそ駐米大使の近年の責務では急速に重要となっているのだ。

だがこうした任務をワシントン経験なし、英語国勤務の経験もなし、英語も専門ではないという人物が赴任してすぐ果たすことは、たとえ天才に近くても無理だろう。連載で強調したように、自由な言論の国、世論が外交を動かす国のアメリカでは、外国の大使にとっても一般アメリカ国民への直接のアピールがきわめて重要となる。

だが日本の官僚大使たちはテレビのカメラの前で効果的に話す基本の技術さえ持たないままに、ワシントンでの活動を始めているのだ。ワシントン在勤の経験を持ち、外務省きっての知米派とされた栗山尚一氏でさえ、駐米大使として赴任してから初めてテレビ討論の訓練を受けたという事実をみても、いまの日本外務省の適材養成の現状とアメリカ勤務での必要条件との間のギャップがいかに大きいかがいやでもわかる。

期待のハードルの高さが問題

柳井氏は「任地の言語を解さないこと自体が大使として不適切とはならない」と述べる。だがアメリカ駐在の大使が英語を自由に使えるかどうかはその大使の対米一般アピールの効率の決定的なカギとなる。しかも英語はほぼ国際語である。

湾岸戦争の際、ＡＢＣテレビの著名なアンカーのテッド・コッペル氏が『ナイトライン』という視聴率の高いニュース番組でワシントン駐在のクウェート大使と激しい論争をしたことがあった。コッペル氏がイラクに占領される前のクウェートの統治のあり方を批判するのに対しサウド大使が反論するという形だった。

クウェート大使のこの弁論は迫力があった。イギリスで弁護士をしていたという大使は格調高い英語でコッペル氏と丁々発止とやりあった。同氏もたじたじとなる議論の展開だった。ふつうの視聴者なら大使の主張にもなるほどとうなずく結果となる。

世界第二の経済大国、しかもアメリカへの主張が死活的に重要となる日本国の総代表たる日本大使ならば、このレベルの英語でのディベート(討論)能力が本来、求められるのが自然だろう。しかも職業外交官の大使ならば、外交のプロ中のプロのはずである。だが英語研修なしにアメリカ勤務の経験の乏しいまま条約局長、外務次官というエスカレーターをあがってワシントンにきた日本の大使たちには、失礼ながら柳井氏も含めて、このレベルのコミュニケーション能力はうかがわれなかった。

しょせん一定世代以上の日本人には無理、などというなかれ。民間をみれば、最近まで国連の難民高等弁務官として活躍した緒方貞子氏や、日米関係に長年深くかかわってきた富士ゼロックス会長の小林陽太郎氏など、この水準での弁論の能力は十分に実証してきた。ちなみに両氏とも柳井氏より年長である。

柳井氏の述べるように、旧来型の次官経験者でも駐米大使は勤まるともいえる。要するに、期待のハードルをどの高さにおくか、である。だが日米関係がこれだけ多層かつ深層となったいま、なぜ旧来型の次官経験者がアメリカの素人でも駐米大使にならなければいけないのか。日本外交のあり方から考える場合、その根拠となる論理はなにもみあたらない。日本全体をアメリカに向けて代表する駐米大使がなぜ外務省の最古参の数人のなかから、これまたアメリカの素人をも含めて毎回、選ばれねばならないのか。その合理的な理由もわからない。

柳井氏は「ワシントン経験がなくても駐米大使は勤まる」と主張するが、ほぼ同じレベルの職業外交官であれば、任地を皮膚感覚で知る人のほうが、知らない人よりも効率がより高いことはあまりにも自明だろう。

言葉の能力に限らず、中国系米人の女性と公開の場で議論する際の暗黙のルールや、個々に接する連邦議員たちの政治的背景を大使が自分で事前に知っているかどうかは職務の遂行を大きく左右する。

プロでなくても価値ある外交はできる

柳井氏までの過去十一人の駐米大使のうち、次官からの昇進でないのは大河原良雄氏だけだった。従来の慣行からいえば異例ともいえる人事だったが、大河原氏は研修もアメリカ、ワシントンの在勤二度の後の大使としての赴任だった。赴任するや否や、歴代大使よりはずっとスムーズかつ広範に活動を始めたのを私も目撃した。しかも大河原氏は五年以上も駐米大使を務め、当時の外務省の枠内では最適任と評されたのだった。

「次官最有力」とされながら、不祥事つづきの現状からやはり異例の人事によって柳井氏の後任となった加藤良三現大使も大河原氏と同様、アメリカ研修、ワシントン在勤二度を経ての着任である。着任の直後から共和党系の旧知の要人たちとの会談をつぎつぎに始めたのも、過去の蓄積あってこそだろう。

だが私が主張するのはそもそも主要大使ポストの外務省独占の廃止である。柳井氏は「大使としての適性とは別の配慮による」政治的任命の弊を指摘しているが、私はあくまで適性をもって大使を任命すべきだとの立場から外務省独占の現状に疑問を呈しているのだ。日本にとってアメリカはじめ諸外国とのかかわりがこれほど多岐に、これほど重層になってくると、日本国内に基盤を持たず、外交にさえとくに専門分野もない外務官僚だけが大使となるべき合理性もなくなってくる。駐米大使人事の旧思考をがらりと変えるならば、たとえば中曽根康弘氏、宮沢喜一氏というような両国に広く知られた大物が（現時点では年齢などに問題があるが）務めたほうが政治的な外交効果はずっと高いだろう。

アメリカ側は元副大統領、元上院院内総務、元下院議長、あるいは著名な日本研究学者などを駐日大使として送ってきた。いずれもアメリカの国政の指導者や学界の重鎮だった人物たちであり、日米両国での知名度はきわめて高かった。大統領や議会に直結する重みがものをいうのだ。日本の歴代の官僚駐米大使が赴任した時点では、米側では国務省の一部以外、だれにも知られていないのとは対照的である。

柳井氏はアメリカの駐日大使が日本語ができないというが、彼らは柳井氏のようなプロの外交官ではない。英語はほぼ国際語であるにせよ、言葉のハンデを補って余りある付加価値をずっしりと持っている。しかも東京のアメリカ大使館では次席以下のスタッフは日本語の流暢な日本専門外交官で固められている。在米日本大使館にアメリカ専門家がほとんどいないのとはこれまた対照的である。

主要国駐在の日本大使がみなそのポストを最後に退官してしまう「レイム・ダック」構造についても、柳井氏は「そういう大使が他国から軽視される事実はない」と述べるが、本国に帰って外相その他の閣僚になったり、あるいは最低限、まだ引退はしないことが確実な大使のほうが、引退が決まっている大使より重視されることは明らかだろう。実際、レイム・ダックと評した米側識者の発言を別稿でも紹介したし、それ以外にも同様の声はある。また、日本国民からみても、現行のシステムではせっかくの大使経験が外交に生かされずじまい、ということになる。

「日本の顔」が日本の恥をさらしている

第二の「総領事人事について」は柳井氏自身、たしかにサンフランシスコ総領事として州議会への働きかけは重要な体験だったのだろう。

だがそんな状況は他の総領事館でも頻繁にあるわけではない。そもそも超重要であるはずのアメリカ各地の総領事ポストには、アメリカに関係のないチャイナ・スクールの外交官が選ばれたり、一年半ほどの短期でくるくる人間が代わったり、という事例が多いのだ。

第三の「人事システム全般について」は、柳井氏はⅡ種職、Ⅲ種職のノンキャリアからⅠ種職のキャリア（上級職）への登用の道があり、いまの大使、総領事合計百八十二人のうち四分の一弱がキャリア以外だと指摘する。

だが現実にはそんな登用も全体としてはごくごく一部に限られ、圧倒的多数のノンキャリアは課長や大使には絶対になれないという身分的差別が厳存するのである。大使や総領事にしても全体の四分の三以上、しかも主要国、主要都市はすべてキャリアに独占されている。率直にいって、キャリアがノンキャリアや他省庁出身官僚に明け渡すのは、相手国には失礼な表現ながら、外務省からみてどうでもよいようなポストばかりなのである。

第四の「大使・総領事公邸について」は柳井氏が述べるのと同様、私も世界第二の経済大国・日本のシンボルだから、いちがいに豪華すぎると非難はできない、と書いてきた。日本の体面も重要だと強調してきた。

だから北京の日本大使公邸のように地下に特

設の室内プールがあっても、ワシントンの日本大使公邸のように、広大な庭にテニスコートやプールが並んでいても、そのこと自体が批判されるべきだとは思わない。

だがそうした公邸の豪華さは日本の国民の想像をはるかに超えることだけは長年、海外にいて、多数のその種の公邸をみてきた記者として客観的に伝えるべきだと思った。外務官僚にとってそんな豪邸に住むことで雲上人の思いにひたり、自分が特権階級だと信じこんでいくほどの強烈な魅力があることも伝えるべきだと思った。

さらにそれら施設が実際に本来の公的な使途のために十分、活用されているかどうか。この疑問は、これら公邸に住む主たちのスキャンダルがあいつぐだけに、改めて提起すべきだという点には柳井氏も異論はないと思う。

以上がひとまず柳井氏の一文への私の反論である。ここでの主テーマである大使館のあり方については日本外交全般のあり方にも敷延しながら、こんごなお論評していきたい。実際私は、他の多くの外務省員から激励の声も頂戴しているのである。

柳井氏はこの一文とは別途の私あての書簡で、こんごも「外務省の改革については公正、公開の精神で意見を交換していきたい」と述べていた。近く退官してからは「遠慮なくいろいろなことについて発言できるのが楽しみ」とも記していた。

そうした姿勢は大歓迎である。頼もしい限りでもある。要は日本にとって、日本国民にとって、よりよき外交を、ということなのである。

なぜ外務省には〝アマチュア外交官〟が多いのか

外務省をめぐる動きはますます激しくなっている。私が報告の主テーマとしてきた外務省の人事システム、外交官の能力や資質、大使や総領事の任命の方法などに関連しても、実際のひずみやトラブルが急テンポで表面に出てきた。

二〇〇一年四月に田中真紀子氏という型破りの人物が外相ポストに就いて、常識では考えられないヒステリックな態度で外務官僚と対決したことも大きな変動の要因ではあろう。だがそれ以上に日本外務省自体が抱えてきた積年の内部矛盾や非効率、アナクロニズムが自壊作用を起こしているようなのである。

デンバーの水谷周総領事の公費不正使用や本省のハイヤー代水増し請求など一連のスキャンダルをみると、外務省という古い組織そのものが内部にメタンガスを満々とさせ、新しい時代のダイナミズムに適応できずに、きしきしと悲鳴をあげているようにみえる。

二〇〇一年八月はじめ、斉藤邦彦国際協力事業団（ＪＩＣＡ）総裁、柳井俊二駐アメリカ大使、林貞行駐イギリス大使、川島裕外務次官という歴代外務次官四人の更迭がついに正式に決まった。

駐米大使の後任には外務審議官の加藤良三氏が選ばれた。

加藤氏は他の稿で述べたように、アメリカ研修やワシントン勤務の経験があり、外務省現高官のなかでは知米派の定評がある。次官を経験してからの「すごろくのあがり」の駐米大使でもない。

だから従来よりは適材適所に近い効率のよい駐米大使人事だとはいえよう。

しかし、次官経験者の「四人組」がいっせいにやめるというこの人事は、更迭の部分はたしかに異例であっても、そのあとを埋めた後任人事はまたまた外務省旧来の年功序列、順番送りの域を出ていなかった。次官となった野上義二氏も、駐英大使の後任の折田正樹氏も、JICA総裁の新任の川上隆朗氏も、みな純粋培養の外務官僚であり、入省年次もきちんと旧態の順番に沿っていた。

しょせんは従来からの玉突き人事なのである。

田中真紀子外相も外務省の改革について「民間からの大使登用」だの、「適材適所の徹底」だの、かっこうのよいことを口にしてはいたが、実際にはこんな程度なのだ。古い秩序を斬新《ざんしん》にする見識も、意欲も持ちあわせてはいない、ということだろう。

しかし、日本外交の現場ではスキャンダルが表面に出つづける一方、内部ではキャリア外交官たちの本来の外交専門能力が低下しつづけている。

ワシントンの日本大使館についても、これまで大使の専門能力を論じてきたが、「アメリカ知らず」「ワシントン未経験」「英語お粗末」という傾向は近年のトップに限らない。外務省派遣の上級外交官の間にも、そうした任地でのプロとしての要件に欠けるアマチュアが多いのである。

その最大の理由は明治時代以来、変わっていない化石のような人事制度だといえそうなのだ。

在勤が短い〝外交下手〟な大使館の人々

日本外交官のこうした傾向は、無抵抗平和主義で資源小国の日本が対外的に安全保障面では他国の善意に頼って生きなければならず、経済面では他国の利益に合致する交流に頼らねばならないという現実を考えると、肌寒くなってくる。

他国についての情報収集でも、自国の主張の表明でも、他国との友好の推進にしても、日本ほど効率のよい外交に依存しなければならない国は少ないからだ。

「アメリカ大統領選挙のような大きな出来事を追って分析するには、前回や前々回の例がどうだったかを知っていると、ずっと便利ですね。とくにこんどのような大接戦の選挙の行方を読むには前から蓄積した経験がものをいいます。でも残念ながらいまのこの大使館には以前にアメリカ大統領選挙を現地できちんとフォローしたという人間がいないのです」

ワシントンの日本大使館のある幹部がこんなことをもらすのを聞いた。二〇〇〇年の大統領選挙を回顧しての感想だった。周知のように共和党ジョージ・W・ブッシュ氏と民主党アル・ゴア氏とが最後の最後まで大接戦をつづけ、行方が読めなかった選挙である。

これまで任地の国の実情や言葉を知らない大使たちの実態を伝えてきたが、相手国の事情にうといという特徴は日本外交官一般にもあてはまるようなのだ。

しかも日本国外務省のあり方が構造的にそういう特徴を育む仕組みになっているのである。ワシントンの日本大使館をみても、アメリカの実情、ワシントンの現実を知ったうえで赴任してくるという外務官僚はきわめて少ない。ワシントン勤務は初めてという外交官が大多数なのだ。

アメリカ大統領選挙という日本にとっても重大な意味を持つイベントを追い、読むという作業にしても、四年前あるいは八年前に同じ大統領選挙を首都ワシントンで経験した日本大使館員がいないのである。

この結果、ワシントンにおいては、日本大使館員を日本の一般企業代表や報道機関の駐在員とくらべると、民間側のほうがアメリカ体験が長くて豊かという人材が比率として圧倒的に多いということになる。

民間組織のワシントン駐在は、アメリカあるいはワシントンの在勤を経験したことのある要員がざらなのである。

しかも民間側ではワシントン在勤を二年だけで終えて、帰国するというケースはきわめて少ない。三年とか四年がふつうである。通算七、八年という例も珍しくはない。

だから本来、任地の国をもっとも熟知すべきはずの日本大使館のメンバーが、民間機関のメンバーよりもずっと無知という状態が生まれているのだ。

日本のキャリア外交官にはひとつの国、ひとつの地域で長年、継続して、一定のテーマを追うという勤務パターンがない。制度上、そういう経歴を保てないようになっている。

だが継続性というのは外交活動でももっとも重要な条件のひとつであろう。

他のどんな物事とも同じように、一定の分野で効率のよい活動ができるようになるのは、ある程度、時間をかけ、その分野に慣れてこそ、である。

だが日本のキャリア外交官の海外勤務には一回の在勤が平均して二年間という硬直した慣行が存在するのである。

二年しかアメリカに滞在しない人たちに四年に一度の大統領選挙を二度、体験させることはできない。

日本の大使や総領事の勤務がいかに短いかについては、先述のように、高校生のホームステイより短い八か月在勤という小倉和夫ベトナム大使（現フランス大使）の実例などを紹介しながら説明してきた。だが日本の外交官たちは大使や総領事に限らず、もっと下位の公使、参事官、一等書記官というポストも、原則として一回の海外勤務は二年間というシステムとなっているのだ。

ワシントンの日本大使館の公使や参事官クラスだと、インドに二年勤務したあと、すぐにワシントンにきてまた二年勤めて、東京へもどるか、北京二年の直後にワシントン二年、というようなパターンが多い。もちろん東京からワシントンにきて二年ぴったりで、東京にもどるというケースもふつうである。

だが海外の勤務でじっくりと仕事をするには、二年という年月はあまりに短すぎる。初めて住む外国となると、居を定め、現地の人や風物に慣れ親しむまでに最低二年ぐらいかかる。極端にいえば、アメリカに赴任する場合、引っ越しの荷物を送り、家を探し、荷物を運びこみ、仕事で接触する相手に挨拶をして、というプロセスだけでも半年以上もかかってしまう。それでやっと慣れたと思うころ、もう転勤の時期がきてしまうのだ。

同じワシントンの日本大使館でも財務省（旧・大蔵省）、経済産業省（旧・通産省）、警察庁など外務省以外の省庁から出向してくる官僚のアメリカ勤務は平均三年である。

「外国の在勤の二年と三年との差は大きいです。二年だけで帰ってしまう外務省の人たちは、ワシントンでもアメリカ側の人や組織に必死で食い込むという努力は少ないですね。どんなにがんばっても、どうせ二年しかいないのだから、適当にやっておけばよいと考えるのは人情でしょうね」

外務省以外の省から日本大使館に三年在勤の予定で送られている官僚はこんな感想を述べた。

"逃げ腰"イメージをふりまく日本大使館

大使館の重要ポストの担当者が短期間にくるくる変わることは、実際の外交活動にも目に見える形で重大なマイナスを生じうる。

アメリカの全国ネットワークテレビのＡＢＣは人気ニュース・インタビュー番組の『ナイトライン』で第二次大戦中に日本の捕虜となったアメリカ国民の損害賠償訴訟問題を取りあげた。二〇〇一年八月三日夜のことである。

元捕虜たちは戦時中、日本の大企業で労働を強いられたことは違法だとして、その補償を求める訴えを最近、ワシントンの連邦地裁に起こした。日本政府もアメリカ政府の国務省も、この種の賠償はサンフランシスコでの対日講和条約で国家対国家としてすでに解決した、という立場をとる。国際的にもこの解釈は一般的である。だが元捕虜側も優秀な弁護士をそろえてチャレンジする。

『ナイトライン』は「元捕虜が正義を求める」という三十分番組でこの訴訟をめぐる動きを追ったのだ。

だが原告側の状況をたっぷりと紹介したこの番組は途中で「日本政府はこの訴えに関してのインタビューは断わってきました」と強調した。

ワシントンを舞台とするこの種のテレビ報道の場合、取材先としての日本政府というのは在米日本大使館のことである。日本大使館の代表にこの件でインタビューを求めたが、断わられた、ということだろう。

日本大使館はこの件では逃げ腰だという印象だけが残った。

在米日本大使館でアメリカ側のテレビに登場してこうした取材に応じるのは、まず広報担当公使（あるいは参事官）の役目である。もちろん大使にもその責任はあるのだが、ふだんはアメリカ報道機関との接触を専門とする広報（情報・文化）担当の公使が任を負う。

アメリカのテレビ・インタビューに応じるという作業は容易ではない。だいたいが議論のようになるし、質問は相手の主張の弱そうなところに遠慮なく鋭く迫ってくる。応じる側はまずテーマ内容の熟知に加え、丁々発止と切り返せる英語の能力が求められる。

この『ナイトライン』の取材を日本大使館がどう辞退したのか詳細は不明だが、このときの広報担当の佐藤悟公使は前任の児玉和夫公使が二年の勤務でインドに転勤したあとに赴任したばかりだった。佐藤氏はしかも本来はスペイン語研修の中南米の専門家である。元捕虜の補償に関する法律的な問題をアメリカのテレビで論じるといったことは職務に慣れるまではひとまず辞退すべきだと、もし考えたとしても自然であろう。

だがその結果は日本政府自体がこの問題では逃げ腰というイメージがアメリカ国民に流れることとなる。その一方、もし広報公使に現地での体験を長年積んだベテランがいれば、毅然《きぜん》とした対応も可能となろう。

そもそも在米日本大使館の広報担当公使ポストは、アメリカに対する日本のスポークスマンとしてきわめて重要である。アメリカ人一般に英語でわかりやすく効果的に語りかける能力、議論の場では反対側の意見を論破するディベートの本格的な能力が必要とされる。

だがわが外務省は、この重要ポストも年功序列のコンベアーベルトの単なるひとつの停止場所とみなし、二年交替でロシア語の専門家や、日本語のスピーチさえ苦手というような内向きふうの人物をも送りこんでいるのである。

毅然たる対応をした公使スポークスマン

私の長年のワシントン勤務を通じて日本大使館スポークスマンとしていかにも適任だったのは一九七〇、八〇年代では渡辺泰造公使（のちに駐エジプト、インドネシア両大使を歴任）、九〇年代では近藤誠一公使（現ＯＥＣＤ事務次長）だったように思える。

近藤氏は、一例として九五年秋、ＡＢＣテレビの『20／20』というニュース調査番組で旧日本軍の慰安婦問題を追及されたが、毅然として応じていた。この番組では冒頭にキャスターが「この問題では日本の栗山尚一大使にインタビューすることになっていましたが、栗山大使は直前にそれを断わってきました」と注釈を述べ、そのかわりに近藤公使が出るのだと説明していた。

近藤氏は慰安婦問題という日本側のだれにとっても厄介なテーマについて番組直前に逃げたらしい栗山大使にかわって日本の立場を弁護することを余儀なくされたわけだ。

だがこれがなかなかの雄弁だった。最後にアメリカ人の質問者が「それでも日本の対応はフエアだと思いますか」と問うのに対し力強く「イエス」と答えたのが印象的だった。

近藤氏はもともと英語は上手だし、外見もスマートだが、この種のメディア対応技術はワシントンに赴任してから特訓で学んだのだという。任期が珍しく三年だった。慰安婦についての番組での発言はその三年目、任期の終わりのころだった。

やはりアメリカ向けの発言も一年や二年でなく、三年つづけて訓練を積んでいたからこそ、堂々かつ流暢にできるようになった、ということだろう。

「発信力」なきスポークスマン

日本は国際社会では「顔がみえない」と批判されることが多い。世界第二の経済大国なのに、グローバルな舞台では姿も形もはっきりみえてこない、という批判は長年、各方面からぶつけられてきた。「顔のない大国」とか「顔のない巨人」というレッテルである。

日本人が国家や民族として、さらには個人としても、外部世界に向かって自分を主張することが苦手なのは、残念ながら事実だろう。自分の意思の表明や自分の意見の主張を世界に向けて発信する能力があまり高くない、ともいえるだろう。

寡黙でも、謙虚でも、行動によって輝かしい実績さえあげていれば、とくに困りはしない、という反論もあろう。実際に戦後の日本は長い歳月、経済の発展という輝かしい実績によって、国際社会から高い評価を受けてきた。だがその経済もいまやすっかりぐらついている。国際的にも、日本にとって、黙っていても物事はだいたいはうまく進む、という時代は終わったようなのだ。

一般的にも国家や民族は異常事態に直面したときには、自己を明確に表現しなければ、明らかに大きな損をする。このところの中国とのトラブルをみても、その真理は明白である。アメリカとの関係でも、たとえば長年の経済摩擦では日本側の実情を説得力ある方法で説明し、相手の誤解や暴論を排するという作業がいつも切望されてきた。

国家としてのこうした自己主張は、ひとえにその国の代表たちの表現能力にかかる場合が多い。

アピール効果満点のイスラエルのネタニヤフ

この点、パワフルな国際発信力を発揮するのはイスラエルである。最近のパレスチナとの紛争でもイスラエル側はアリエル・シャロン首相はじめ駐アメリカ大使、ニューヨーク総領事から野党のリーダー、民間の学者まで次から次へ、国際スケールのテレビに登場して、自国の大義を熱っぽく説いている。アメリカのＣＮＮやイギリスのＢＢＣという全世界に放映される英語のテレビで「イスラエルこそ正しい」と訴えるのだ。

イスラエルの代表たちはみな英語が流暢である。アメリカとの二重国籍やアメリカ育ちというイスラエル人が少なくないため、指導者たちも英語にはみな不自由しない。古い世代に属するシャロン首相は英語を滑らかには話さないが、自分の意見は明確に述べる。質疑や論戦にも堂々と応じる能力がある。

現代の世界ではやはり英語が最大の共通語である。国際世論へのアピールもどうしても英語が主体となる。英語での訴えは単に言葉の巧みさだけでなく、明快な論旨で比喩やジョークを混ぜながら、ときには切々と、ときにはきびしく、あるいは明るく、語りかけるコミュニケーションの技術が必要となる。イスラエルの代表たちは国際舞台でのこの種の自己表現に非常にすぐれているのだ。国の運命がアメリカの政策や国際世論にゆだねられる部分が大きいとなると、自己表現は生存のための手段でさえあろう。

こうした国際コミュニケーションで傑出したイスラエルの代表の筆頭はベンヤミン・ネタニヤフ元首相だろう。一九九〇年から九一年にかけてのイラクのクウェート侵攻による湾岸危機、そしてそれにつづく湾岸戦争ではネタニヤフ氏はイスラエル政府の公式スポークスマンとしてアメリカなどのテレビに連日連夜、登場していた。

そのころのネタニヤフ氏はいまとは違う細身のシャープな外見で、アメリカ人の高学歴者と変わらない格調ある英語で自国の立場を雄弁に語っていた。ハンサムで若く明るく、しかも重みをも感じさせるパフォーマンスにはつい引きこまれる、ともらすアメリカ人も多かった。重みは彼がイスラエル外務省の次官として政策決定にも関与していたことの反映だったのだろう。

ネタニヤフ氏は少年時代、アメリカで育ち、教育を受けた。だから英語はいわゆるネーティブだったのだ。こうしたアメリカ向け、ひいては国際社会全体に向けての自然で迫力のある語りかけは、イスラエルにとって当然、有利な世論を作りだすこととなる。

湾岸戦争当時、クウェートのアメリカ駐在大使だったサウド・ナセル・アル・サバハ氏も国際コミュニケーションの能力ではすごかった。サウド大使の活躍ぶりは先に触れたが、ここでもう少しくわしく紹介しよう。

アメリカのＡＢＣテレビがイラクに占領される前のクウェートでの人権弾圧を批判的に取りあげた番組を流し、キャスターのテッド・コッペル氏がクウェート政府を非難するようなコメントを述べたのに対し、サウド大使は一歩もたじろがず、正面から堂々と反論したのだった。その発言は論理的で説得力があった。サウド氏の風貌《ふうぼう》やマナーも聞き手に好感を抱かせる効果が大きかった。あとで聞くと、サウド氏はイギリスで法律を学び、弁護士としてロンドンなどで活躍していたのだという。

そうした反論に耳を傾けると、クウェート政府の人権弾圧などイラクの侵攻にくらべればさして問題ではないように思えてくるから、発言のアピール効果は大きいということだろう。クウェートのような小さな国にとって、この種の対外アピールは国の運命にまでかかわってくるわけだ。

このサウド氏もネタニヤフ氏もテレビカメラの前や多数の聴衆の前で話をするという作業には明らかに慣れていた。カメラへの面し方、視線のすえ方、話の途中でのポーズのおき方、論争相手への挑み方など訓練と経験を積んだという感じがありありとしているのだ。

歴代の外務報道官たちの経歴にみる〝非効率〟

日本の場合、国全体、政府全体の対外スポークスマンは外務省の外務報道官だといえよう。日本の立場を外国のマスコミなどに向かって、おもに英語で説明する。G8のような国際会議での活動が主体となる。

この外務報道官の歴代の顔ぶれとそのパフォーマンスをみると、ネタニヤフ氏、サウド氏との比較ではまったくの素人たちといわざるをえない。そもそもこの外務報道官というポストへの人材はその職務で必要とされる技量や経験ではなく、外務省内の年功序列で選ばれるだけなのだ。

だからそれまでテレビの前で複雑な物事を英語でわかりやすく説明するという作業などまったくしたことのない外務官僚たちが突然、日本国全体の対外スポークスマンとなってしまうのである。英語が専門ではない官僚までがたまたまの昇進の順番で選ばれることもあり、しかも短期間でくるくる代わるから、せっかく広報技術に慣れたころには、どこかの国の大使として赴任していってしまう。

だからわが日本国の立場を全世界に向かって告げるという重要な職務のスポークスマンの機能としてはきわめて非効率なのである。この点は外務省の従来の〝不適材不適所〟の大使人事などとまったく同様なわけだ。

ただしここ十数年の歴代外務報道官では一九八九年一月から三年近くその職務にあった渡辺

泰造氏は例外といえるほど適任だったといえる。先述したように、渡辺氏はその以前にワシントンの日本大使館のスポークスマンをも務め、アメリカ専門家として英語での公式発言にも慣れ、広報分野での経験が豊富だった。

だがその渡辺氏とてネタニヤフ氏やサウド氏にくらべると、差は大きい。英語での表現能力のギャップに加えて、ネタニヤフ氏は有力な政治家、サウド氏は王族の一員という自国側での政治的な重みが官僚スポークスマンの軽さをいやでも映し出すのだ。

渡辺氏が外務報道官だった時期、日本は湾岸戦争に対する一国平和主義の病状をあらわにし、「国際平和のためにカネは出すが人は出さない」という負のイメージを国際社会でいっきょに広めてしまった。日本という国全体の特異性の結果とはいえ、日本を外国に向かって説明する役の渡辺氏がとくにそのイメージを薄めることに成功した形跡はない。

一九九二年一月、渡辺氏の次に外務報道官となった英正道氏はＯＤＡを扱う経済協力局長からニューヨーク総領事を経ての就任だった。スポークスマン役は一年半たらずでイタリア大使に任命された。英氏は英語が専門の優秀な外交官ではあったが、この経歴が示すように、スポークスマン役を多彩なポストの単なる一つとして短期間、務めたにすぎない。

その次の寺田輝介氏（現・韓国大使）はスペイン語の専門家だった。フランス語も上手だが、英語は奇妙なフランス語ふうのアクセントがあり、お世辞にもうまいとはいえなかった。中南米局長を務めた直後に外務報道官になるのだから、この種の人事がいかに職務が求める能力や経験を無視しているかがよくわかる。

寺田氏の後任の橋本宏氏はロシア語の研修を受けたロシア・スクールの外交官だった。ロシア語の専門家が日本を代表して英語で世界に語りかける要職につかされるのだ。橋本氏は外務報道官のあとはシンガポール大使に任命された。いまの国際化のなかで超重要となった対外英語発信役は特殊な能力や適性が求められるにもかかわらず、他の局長や大使のポストとまったく変わらない順ぐり人事の対象とみなされてきた証左である。

橋本氏のあとには外務省内では英語が得意とされる沼田貞昭氏と山崎隆一郎氏が順番に外務報道官となった。だが二人ともテレビに出て一般向けに明るく語りかけるというタイプの人物ではなく、英語自体はともかくパブリック・スピーキングの適性は疑問だった。とくに二〇〇〇年二月から外務報道官となった山崎氏は、英語は帰国子女出身らしい流暢さだったものの、イメージがなんとも暗かった。ご本人には失礼だが、テレビ画面で彼がうつむき視線、こもりがちな口調で話すのを聞くと、すっかり陰鬱《いんうつ》で沈んだ気分にさせられてしまうのだ。対外向けのPR効果などまったく考慮されていない人事の本質がここでもわかるのである。

次のポストとしては沼田氏はパキスタン大使、山崎氏はベトナム大使となっている。ちなみにいずれも二人の外交経歴ではなんの縁もなかった任地である。

新スポークスマン人事の大いなる〝実験〟

二〇〇一年一月から外務報道官となった服部則夫氏もこれまでの外交官歴は北京、パリの大使館、本省での領事移住部、経済協力局、ジャカルタの大使館などの勤務である。経歴をみる限り、英語でのパブリック・スピーキングには関係がないまま、パラシュートで未知の地に降り立つように、外務報道官になった、という感じなのだ。

何度も述べるように、ここでも対外的なスポークスマンという特別な職務が、他の外務高級官僚用のポストとまったく同じにみなされ、年功序列に従ってタライ回しにされているのである。日本外交にとって対外的な英語発信役、つまり対外スポークスマンという概念自体がつい十数年前まではゼロに等しかった。現実にそれほど重要でもなかった。だが国際コミュニケーションの発達と日本の対外関与の拡大とが相乗して、日本側のメッセージを諸外国に伝えるという任務は急速に重要となった。なのに日本の外務省はその新時代の緊急の要請に対し、組織的にきちんと対応せず、外務報道官というのも単に局長級のポストがもうひとつ増えたぐらいの扱いしかしてこなかったのだ。

その結果は国際基準でみれば、ごくお粗末な発信能力である。これまで名をあげてきた歴代の外務報道官はみなそれぞれ着実に実績をあげてきた有能な外務官僚ではある。だがスポークスマンとしての適性には疑問だらけだった。とにかく体系的な訓練が存在しないのだ。だから世界の大国、日本の代表として国際社会で正々堂々と自国の主張を述べ、丁々発止と議論をすべきという基準からすると、あまりにたどたどしい発言ぶりのスポークスマンが続出したのだといえる。

外務省では二〇〇二年五月、元NHK記者の高島肇久《はつひさ》氏を初の民間からの外務報道官に登用することを決定した。

高島氏はNHKの国際報道部門で長年、ワシントンやロンドンなど海外特派員を歴任し、解説委員長まで務めたベテラン・ジャーナリストである。英語の表現能力もきわめて高い。公開の場での発言という点ではそもそもプロだから、スポークスマンとしては少なくとも従来の外務官僚たちよりはずっと適材だろう。

外務省側でもこの外務報道官のポストをいちはやく民間に明け渡したのは、従来の硬直した人事をつづける限り、年功序列に沿っての適材を得るのは難しいことがわかったからだろう。外務官僚の側でも未経験の分野のスポークスマン役など務めたくないという傾向が強くなっていたともいう。

高島氏がどこまで対外発信の効果を発揮するかはまだなお不明だが、いったん平均以上の効率が判明すれば、なるべく長くその役目をつづけてもらうことが肝要だろう。またこの民間出身の新スポークスマンが対外的に語る言葉に重みをつけるためには、外務省側も高島氏を真の外務省高官として種々の政策決定プロセスにきちんと参加させることが不可欠となろう。

いずれにしても高島氏の起用は日本外交の長い歴史でも試みがいのある実験である。

第四章　キャリアかノンキャリアか——それが運命の分かれ道

「閣下」と「従者」のカースト制度

入省の際のたった１回の試験によって、外交官としての一生の身分が決まり、厳格な〝差別〟を受ける（写真は外務省の入省式）。

キャリアたちの自己顕示欲とエリート意識

ワシントンの日本大使館の建物正面には松永信雄元大使の名が大きく刻まれている。日本大使が住む公邸でもなく、レセプションにたまに使われる旧公邸でもなく、大使館の日常業務機能をすべておさめたオフィス・ビルの正面入り口、すぐ左の壁に麗々《れいれい》しく「NOBUO MATSUNAGA」という名が刻みこまれている。

日本国民の共有物たる大使館ビルがあたかも私有財産あるいは個人建設であるかのような印象を与える個人名が永久保存の形で誇示されているのだ。

白亜の大使館ビルの壁に彫りこまれているのは正確には以下の内容の英文である。

「この建物の礎石は一九八五年十一月十九日、特命全権大使の松永信雄によって設けられた」

要するに、この大使館の建物は松永大使によって建てられた、という意味の記念の碑文なのだ。しかも「松永信雄」という部分の文字がことさらに大きく刻まれている。ワシントン市内マサチューセッツ通りの日本大使館を訪れる人たちにはいやでもこの記念文が目につくから、やはり人にみせるための碑文なのだろう。

一九八五年といえば、日本が対外黒字をがぼがぼに溜《た》めこんで、バブルの栄耀栄華《えいようえいが》の虚飾へと走り出した時期である。

日本政府は海外の設備の拡大や改造には気前よく資金を注ぎこんだ。ワシントンでも日本大使館のオフィス・ビルが全面的に建て直しされたのだった。

だがいうまでもなく、その資金は日本国民の支出である。日本大使館の建物も国民のカネで建てられるのだ。

一方、ワシントン駐在の日本大使は単に順番に任命される官僚にすぎない。松永信雄氏もたまたま大使館の改築の時期に大使を務めていたというにすぎない。

なのに大使館の建物の正面に自分の個人の名前を堂々と刻みこむのである。しかも「特命」とか「全権」とか、どんな大使にも与えられる称号をいかにも特別のタイトルであるかのように記している。

もし東京の外務省本省の正面に特定の外務大臣の名をビルの改築だけを理由に永久保存の形で彫りこんだら、どうだろう。

建物の改築の責任者の名前を記録として残すために大

THIS FOUNDATION STONE WAS LAID BY
NOBUO MATSUNAGA
AMBASSADOR EXTRAORDINARY AND PLENIPOTENTIARY
NOVEMBER 19, 1985

在ワシントン日本大使館の正面玄関脇には、改築時の駐米大使だった松永信雄氏の個人名が、堂々と刻みこまれている。

使館ビルの人目につきにくい箇所に記すのなら、まだ理解できる。

だが正面の壁への名前の大書は子供っぽいほどの自己顕示を感じさせる。自己顕示でなければ、自分が特別な立場の特別な人間なのだという思いこみの反映にも感じられる。

わが外務省の高官たちにはどうもそうした特殊な心理がちらつくのである。外務省高官の感覚と一般の日本国民の感覚とのギャップとでもいえようか。

公邸改修を理由に、豪華ホテルに連泊

フランス駐在の小倉和夫大使の豪華ホテル長期滞在のケースもそんなギャップを感じさせる実例である。

二〇〇一年三月十五日の参議院予算委員会でこの件は明るみに出た。この予算委員会の審議で簗瀬《やなせ》進議員（民主・新緑風会）が追及に立った。

「小倉大使はパリの日本大使公邸の改修工事に際し、世界最高級のホテルに最近、半年も泊まったという報告があります。この不況時にスイートルームなら一泊十五万円から三十万円もする高級ホテルになぜ長期滞在する必要があるのか。外務省の金銭感覚は確実に日本の一般の人々とは異なることの証拠です。日本の国民感情、国民感覚からはまったく遊離した外交と思われます」

簗瀬議員は小倉大使がパリのサントノレ通りのブリストルホテルに泊まったことを指摘し、

このホテルがパリでの豪遊で有名な歴史上の人物の薩摩治郎八が泊まったリッツホテルと並んで豪華なことを強調し、そんな支出は税金の無駄づかいではないのか、という疑問を提起したのだった。

簗瀬議員の説明によると、パリの日本大使館は大使公邸を大規模に改修工事することとなり、そこに住んでいた大使は一時的に外へ出なければならなくなった。その期間、小倉大使はあえてこんな超豪華なホテルを自分の臨時宿舎にしたというのだ。

簗瀬議員の追及に対し外務省を代表して、当時の官房長の飯村豊氏が予算委員会で答えた。

「大使公邸は建築以来三十五年、全館にわたり内装の老朽化が進み、大幅な改修工事が必要となりました。今年一月から三月までの間、改修工事を実施したので、その間、パリ中心部のホテルに仮の公邸を設けました。たんなる居住施設にとどまらず、外交活動の拠点として相手国政府関係者との会合など公的な機能を果たすのです」

だから大使が高級ホテルに長期間、住んでも問題はない、という主張だった。飯村氏は小倉大使の宿泊費が一泊二十万円だとも認めた。

だが、待てよ、である。

大使の公的機能の場というならば、大使館があるではないか。

フランス政府関係者との会合など大使館を使えるではないか。

どうしても夜の会食などが必要とあれば、同じ大使館が保有する公使や参事官の公邸を使えばいいではないか。街のホテルやレストランを必要に応じて使ってもよい。

当初から何か月と、きちんと期間のわかった暫定《ざんてい》の事態なのである。それでも大使の寝泊まりだけで、毎日二十万円の公費を使う必要があるのだろうか。現代版の薩摩治郎八なみに豪華ホテルに泊まらねばならないのか。

大使公邸の改修といえば、東京のアメリカ大使公邸も一九九三年から一年ほどの期間、大幅に改修された。その間、フリッツ・モンデール駐日大使はホテルには住まなかった。同じ大使館の公使公邸に住んだのである。そこに本来、住むはずだった公使はその間、大使館保有の別のマンションに移っていた。

わが小倉大使にしても、どうせ事前の早い段階からわかっていた大使公邸の改修工事なのだから、従来の大使館施設を利用した暫定措置がいくらでもとれたはずである。

簗瀬議員は小倉大使のホテル滞在は六か月にも及ぶと述べていたが、外務省側の飯村氏の説明では二か月ぐらいだという。だがいずれにしても一泊二十万円のホテル滞在であることには変わりない。

要するに、小倉大使も、その後、官房長から異例の格下げとなった飯村氏も、一公僕が一泊二十万円のホテルに公費で数か月間、泊まることに、なんの心理的な支障を感じないということなのだ。

どう控えめにみても、日本の海外在留者をも含めての一般国民との間には大幅な感覚の違いがあるということである。

大使は「閣下」で、お手伝いさんは「従者」

外務省エリートたちのこうした感覚は公費の不正流用で懲戒免職となったデンバー総領事の水谷周氏が周囲の人間に自分のことを「閣下《かっか》」と呼ばせていたことにも象徴されている。

文書のタイトルで「閣下」と書かせるならまだしも、口頭の呼びかけに「水谷閣下」といわせるというのだから、なんと大時代的なことか。

日本外務省のアナクロニズム（時代錯誤）といえば、私自身にもびっくり仰天の体験がいろいろある。

そんな一例だが、一九八〇年ごろ、ワシントンに赴任して日本大使館の同世代の外交官たちとつきあううち、わが外務省では同じ日本人を指すのに「従者《じゅうしゃ》」という言葉が正式の呼称として使われていることを知らされた。

外国に勤務する日本人外交官のうち、たしか参事官以上の幹部は日本から育児、掃除、買い物など家事の手伝いのために、要員を同行させ、自宅に住まわせることを公式に認められ、そのための補助の費用も一部、出るという話だった。

その慣行自体は結構だが、そのお手伝いさん用の要員のことを正式には「従者」と呼ぶというのだ。

現代の日本で「従者」などという封建的なひびきのする言葉が使われるのは、おそらく映画やテレビの時代劇ぐらいのものだろう。武士の背後にぴったりと従い、主君の甲冑《かっちゅう》や槍《やり》をうやうやしくかかげて、ちょこちょこと歩く家来たちが連想されよう。西洋でならば、ドン・キホーテにつき従ったサンチョ・パンサがまさに「従者」である。

こんな古めかしい公式用語の恒常的な使用は一人の人間が他の人間に対して「あなたは私の従者です」と正式に言明するのに等しい。まさにアナクロニズムなわけだ。

いや、呼ばれる側の屈辱を考えれば、人権問題である。

外務省の職員を「使用人」扱いしていた田中真紀子前外相でさえ、顔負けだろう。

だがわが外務省では実際に外国での日本人外交官たちのための日本人の家事手伝いの人を「従者」と呼び、お手伝いたちの旅券の身分としてもはっきり「従者」と書いてきたのである。

一九八〇年代まで、この「従者」の募集のために上級外交官たちは赴任前に日本国内の女性週刊誌などに「海外で働きませんか」という種類の広告を出し、私的なルートで人材を募集することも多かった。家事手伝いのかたわら学校に通うことも許されるという宣伝だった。もちろん「従者」という言葉は広告には出さない。

当時は応募が殺到し、四年制大学卒業の優秀な女性までが日本人外交官宅に住みこんで働きながら、学校にいくという外国生活を求めてきたという。

ある外交官の場合、書類選考や面接の末、やっと有名女子大学の英文科卒の女性を選び、いざ出発準備となって、旅券書類に記す「従者」という文字をみせたところ、その女性はとたんに顔色を変えて、勤務を断わった、という。

私はこのおどろくべき慣行を当時、毎日新聞で報道した。そのせいかどうかは知らないが、その後、この用語はさすがに「家事手伝い」というふうな表現に変えられたという。

だが最近までそんな用語が横行していた事実は外務省の本来の体質を物語っているといえる。

日清戦争以来の「化石」のような階級区分

外務省のこうした体質や感覚はたぶんに省内の封建的な人事制度に起因している。

外務省では職員の間でそれこそ封建時代の遺物のようなきびしい身分制度が存在するのだ。

この石器時代のような身分制度こそが、いま世間をにぎわす外務省の腐敗、汚職や「不適材不適所」の大使や公使を生む日本外交の欠陥の土壌ともなっているといえるのである。

「私はキャリアだから――」

前述のデンバー総領事だった水谷周氏はこんなことを口癖のように述べていたという。

自分を「閣下」と呼ばせるのと同様に、自分が外務省組織内でのエリートであることを誇示するのがこの「キャリア」という表現である。「上級職」という言葉も同じ意味でよく使われる。

いままで紹介してきた大使とか公使はみな「キャリア」である。外務省職員は二〇〇〇年現在の定員で合計五千二百三十人だった。ただしキャリアはわずか八百数十人である。全体の一

六、七%にすぎない。キャリアはあくまで少数のエリートなのだ。毎年通算二十数人から三十人余り、少数が新採用される。

キャリアは外務公務員上級職試験の合格者である。この試験は外務公務員Ⅰ種採用試験とも呼ばれる。

ただしこの試験は二〇〇一年度から他の省庁への希望者と一括しての国家公務員Ⅰ種採用試験となった。外務省だけが別個で実施してきた外務公務員試験、つまり外交官試験は二〇〇〇年で、いちおう廃止となった。

だがキャリア（上級、あるいはⅠ種）の下に専門職（中級、あるいはⅡ種）、さらに初級職という従属的な階層があるという身分差別のピラミッド体系は変わっていない。上級職、専門職、初級職という階級制度の存在には変わりはないのだ。

その三者の間の厳然たる階級区分はインドのカースト制も顔負けである。

なにしろこうした制度は明治二十七（一八九四）年に当時の陸奥宗光外相の指示を受けた原敬《たかし》外務省通商局長（のち首相）がつくったシステムが基本的にはそっくりそのまま継承されてきた結果なのだ。明治二十七年といえば、十九世紀、なんと日清戦争が起きた年である。そんな大昔にできた制度はやはり「化石」とか「マンモス」とか評すほかない。

そんな古いメカニズムの上に二十一世紀の日本外交が築かれているというのだから、ちょっと信じがたい話なのである。

専門能力の高い〝ノンキャリア〟たちの不遇

新聞記者として長年、海外での報道活動をつづけていれば、当然ながら日本人外交官との接触も多くなる。各地の日本大使館や日本領事館のメンバーを取材の対象とすることも、珍しくない。とくに初めて訪れる国では現地の日本大使館でその国の情勢をずっと追っている外交官に教えを乞うことも少なくない。

もっとも東欧とか東南アジア、さらには中東などでの短期の取材では、私はアメリカ大使館をスタート点にすることも多かった。

アメリカは、どこの国でもＯＤＡなどという特殊の分野を除いて、日本よりはずっと外交的な関与が深く、とくに日本外務省が苦手とする軍事とか安全保障がらみのテーマに正面から取り組んでいる。しかも各地のアメリカ大使館は同盟国の日本のジャーナリストにもかなりオープンなのだ。

たとえば初めて訪れたルーマニアの首都ブカレストでアメリカ大使館にいきなり電話をして、日本の記者だが現地の政治、治安の情勢についてブリーフしてほしいと頼むと、担当官が割と気軽に応じてくれる。

だから、各地の取材で日本大使館に頼るというケースはそれほどはなかったが、報道テーマが日本がらみとなると、どうしても日本大使館への接触が必要になってくる。

というわけで、私もこうして日本の外務省や大使館の批判を書きながらも、過去の長年の取材活動では日本大使館にも世話になってきた。多数の日本人外交官から取材のために話も聞いた。

その体験を振り返ると、外国で会って話を聞き、その活動の一端をみて、強い印象を受けた日本人外交官というと、どうもキャリアよりも専門職の人たちが多いことに気づく。ここでいう「強い印象」とは、外交官として効率よく熱意をこめてその職務を果たしており、赴任国に関する専門の知識や能力が高い、という印象である。

「アマチュア大使」に仕える専門職外交官

何人かの実例がすぐ思い出せる。

一九九八年九月にベトナムへ戦争の回顧とＯＤＡ調査とをあわせた取材に出かけたとき、ハノイなどベトナム北部では村田哲巳《てつみ》書記官が日本のＯＤＡプロジェクトの現場をみるのに同行してくれた。

村田氏はベトナム現地の情勢にも、日本からベトナムへの経済援助の内容にも、くわしかった。自分が担当する国とテーマに精通し、熱意を燃やし、しかも自分なりの意見を持っているという感じがひしひしと伝わってくるのだ。もちろんベトナム語も上手である。

その後、ベトナム南部での取材ではホーチミン市（旧サイゴン）総領事館の小野益央《ますお》領事が南部や中部における日本のＯＤＡの現場に案内してくれた。

小野氏とは二人でジープに乗り、一泊二日の長距離見学だったが、彼のベトナム語の水準の高さ、ベトナム人との接触の自然さ、現地社会の慣行の熟知、政情への精通ぶり、日本とベトナムの交流への理解などには素直に感嘆させられた。

私がなぜ村田、小野両氏のベトナム担当外交官としての水準の高さがわかるかというと、ひとつには私自身、ベトナムに四年近くも住んだことがあるからだった。この二人とも現地の文化にしても政治にしても、また言葉も、ただ暮らして身につけたというような域をはるかに超えていることは、私が言葉も含めてベトナムをかなり知っていたからこそ認識できたのである。

この二人ともノンキャリア、つまり専門職の外交官だった。

いずれもベトナム語を専門言語とし、ベトナムを職務の主対象としてきた。ことベトナムに関する限り、プロ中のプロであり、ベトナムについて知っている人間ほど、この二人の外交官の専門能力の高さに圧倒されるわけだった。

だが外務省の現行の身分制度の下ではこの二人の外交官がベトナムに関していかに卓抜した能力や知識を有していても、日本の駐ベトナム大使にはなれない。ホーチミン市総領事にもなれない。本省でベトナムを担当する部課の長にもなれない。

ベトナム関連のそうしたキーポストを独占するのは、高い空から唐突にパラシュートで降りてくるキャリア外交官たちなのだ。小倉和夫・元ベトナム大使(現フランス大使)のように、ベトナムのベの字も知らない、東南アジアにさえかかわりのない、エリートとされる上級職外交官たちなのである。しかも小倉大使のように正味八か月という日本、ベトナム両国民を愚弄《ぐろう》したような短期の在勤で、階段のつぎのステップをぴょんぴょんと昇っていく。

二〇〇二年の時点でみると、ベトナム駐在大使は英語使いの英米派で、前職は外国報道陣と英語で応対することを職務とする外務報道官だった山崎隆一郎氏、ホーチミン市駐在総領事はニューヨークの国連公使やスリランカ駐在公使を歴任した神谷武氏と、いずれもベトナムとは縁がなくベトナム勤務を出世の階段の一ステップとして短期で過ぎ去っていくキャリア組である。

その一方、ベトナムをライフワークの対象とする専門外交官たちはベトナムに何年、勤めても、外務省勤務歴をいかに長く重ねても、大使にも総領事にもなれない。

ベトナムに関しての「アマチュア大使」の下で仕えるばかりなのである。

こんな現象もいまの外務省の差別的な職員登用制度のためである。

上級職か、専門職か、あるいはキャリアかノンキャリアか、入省の際のたった一回の試験の違いだけで以後四十年近くの勤務の内容や昇進の度合いが完全に差別されてしまう。

一度、上級職の試験をパスしさえすれば、あとの勤務でどれほど外交官として不適格だとか無能だと判明しても、専門職からみれば雲の上の世界の居住を永遠に許されて、課長、局長、総領事、大使というエリートのコースを保証される。

一方、ノンキャリアのほうは軍隊の兵卒のように、いくら専門能力を高めて実績をあげても、せいぜい下士官で生涯を終える。どうがんばってみても高級将校にはなれない。

こんなシステムがもし封建的な身分差別でなければ、いったいなんなのだろう。

チェコ外交のプロがカナダ総領事になる〝怪人事〟

一九九六年十一月に東欧政治情勢の取材でチェコを訪れたときに会ったプラハの日本大使館の設楽《しだら》清公使も任地に精通した専門職の外交官だった。チェコ語を専門とし、チェコスロバキア時代からのチェコ勤務は通算三回ほどだという。

民主化の混乱のつづくチェコ情勢についてじっくり話を聞いてみると、設楽氏は政治、経済から社会、文化までとにかくチェコにはくわしい。歴史にも造詣《ぞうけい》が深いし、それになによりも、バツラフ・ハベル大統領にはじまるチェコの各界の主要人物たちと古くから親しく接してきたという赴任国の人間とのきずなの厚みが伝わってくる。

これまた私がチェコにはそれまで三回ほど訪問し、多様なテーマの取材を通じて、現地の情勢をかなり知っていたからこそずしりと感じる厚みや深みだった。

だが設楽氏はいくらチェコに関する外交官としての貴重な資産となる知識や体験、コネを築いてきたからといって、チェコ大使にはなれない。公使になっただけでも専門職としては珍しいくらいだ。

だが専門職である限り、チェコ関連では公使以上にはなれないから、まったく別の分野へと回される。

その後の設楽氏の人事はおもしろかった。

私が彼と会った翌年の九七年にはサンフランシスコ領事、九九年三月にはカナダのエドモントンの総領事に任命された。ノンキャリアがアメリカ西海岸の領事やカナダの総領事になるというのは職制上では異例なほどの好待遇である。設楽氏が有能だということなのだろう。

だが外交官のプロとしての能力や知識という観点からみると、別である。

チェコに関してはおそらく外務省全体でも指折りのプロ外交官にカナダ内陸部の平凡な中級都市の領事業務をやらせるという人事の合理的な根拠とはなんだろうか。カナダの領事事務ならほかにもこなせる外交官が掃いて捨てるほどいるだろう。だがチェコについての専門能力の持ち主の数はきわめて限られている。

この間、おもしろいことにチェコには外交ではまったくの素人である別の省のキャリア官僚が任命された。科学技術庁（当時）の事務次官だった石田寛人氏が退任後の九九年十月にチェコ駐在大使に選ばれたのだ。

外務省は近年、他省のキャリア官僚の古手をごく少ない数だが、大使に任命するようになった。その理由は在外公館の数が増えたことや、大使ポストの外務省独占を批判されるようになったこと、外務省と他省庁との人事交流がわずかとはいえ増してきたこと、などであろう。だが他省庁の官僚に一時的にあけわたす大使ポストの対象国はじつに巧みに選ばれている。簡単にいえば、外務省にとって当面は外交上の比重が小さそうな国ばかりを選んでいるのだ。いま小泉内閣で文部科学相を務める文部官僚出身の遠山敦子氏は九六年にトルコ大使に任命された。

元警察庁長官の国松孝次氏はスイス大使に任命され、現在も在勤中である。

科学技術庁次官だった石田氏のチェコ大使任命もこういう路線に沿っているといえるだろう。

他省の官僚からの大使は、当然ながらまず外交官としての基礎となる国際経験が少ない。赴任国の事情も言葉も知らないのが当然である。

外務省のキャリア官僚がつづけている大使人事とくらべても、大使の顔ぶれが他省のキャリア官僚に変わるだけで、〝不適材不適所〟という重大な欠陥はまったく同じなのだ。

むしろ他の省庁の官僚は一般的に外務官僚よりも外交経験そのものが少ないから、よほど特殊な国際経歴を有する官僚以外は〝不適〟の程度がさらにひどくなる。

石田チェコ大使も赴任国のチェコに関してはまったくの素人であろう。適性ということを問うならば、石田氏は科学技術庁の次官時代に二度も懲罰を受けたことがある。九五年には高速増殖炉「もんじゅ」のナトリウム漏れ事故での責任を問われて厳重注意、九七年には動力炉・核燃料開発事業団の火災爆発事故での責任を追及されてこれまた厳重注意の処分を受けた。

だがどういうわけかチェコ大使の栄を得て、最近では科学技術庁長官時代の田中真紀子氏と親しかったとかで、当時の田中外相をプラハに迎えて歓待していた。田中外相のこのチェコ訪問はとくに外交上の必要のない観光旅行だと非難された。

そんな背景の石田氏がチェコ大使となり、チェコ専門の外交官の設楽氏はカナダの内陸部に送られる。

専門職は外務省の幹部にはなれないという厳格な身分制度の結果である。

ノンキャリア出身のモンゴル大使への賛辞

キャリアの上級職もノンキャリアの専門職もみなほとんど四年制の大学を卒業して外務省に採用される。同じ大学の同じ学部を同じ年に卒業して外務省へ就職しても、試験の受け方、受験の成績で将来のコースは大きく分けられ、厳格に差別されてしまう。一回の試験が一生の身分を決めるのである。

この硬直した制度下ではベトナム語を知るベトナム駐在大使、チェコ語を知るチェコ駐在大使というのは存在しえない。

いまの制度ではこの種の大使ポストはみなキャリア官僚用に限られ、キャリアはベトナム語もチェコ語も学ぶ仕組みにはなっていないからだ。

こうした非合理な封建的システムを改め、外交の効率をよくするには、まず上級職と専門職との間の仕切りを取り払っていくことが必要だろう。

この仕切りを取り払うことがどれほど日本外交の効率を高めるか、私はモンゴルを訪れたときに、その例証をみた気がした。

私は二〇〇〇年七月にモンゴル総選挙の取材のために北京からウランバートルを訪問した。現地の日本大使館で会った花田麿公《まろひと》大使（当時）は日本外交史でも初めてのモンゴル専門のノンキャリア出身のモンゴル大使だった。

外務省は近年、ごく少数ながら専門職の上級職への登用を認めたり、専門職出身者の大使就任を認めたりするようになった。勤務に苦労の多い僻地《へきち》のモンゴル大使ポストはかなり以前から専門職用に〝下賜《かし》〟されていた。

だが歴代、モンゴル専門ではなく隣の中国を専門とするノンキャリア外交官がモンゴル大使に選ばれてきた。

それがやっと初めて花田氏というモンゴル専門職の起用となったというのだ。

私はモンゴルに十日ほど滞在し、花田大使にも会って話を聞いたが、彼はまさに水を得た魚という感じだった。とにかくモンゴル事情に精通し、モンゴル各界の人物を知悉《ちしつ》し、モンゴルの大衆に対してもモンゴル語で日本の立場をどんどん訴えているようなのだ。事実、モンゴル側の政治家たちや他国の外交官たちが「日本の花田大使の活躍はものすごい」と賛嘆するのを何回も聞いたのだった。

マナーも知らない「悪貨」官僚を生む差別

モンゴルではわが外務省のエリートの上級職ではなく、ノンキャリアの専門職の外交官が活躍しているのに感心したことを先に報告した。短期間の観察とはいえ、モンゴルでは日本の外交官のプレゼンスが他の国でよりもずっと鮮明に打ち出されているようにみえたのだ。

二〇〇〇年七月二日の総選挙の直後だった。緑の大草原に抱かれるように広がる首都ウランバートルの中心部の人民革命党本部ビルで記者会見が開かれた。

選挙で圧勝した野党の人民革命党のナンバリン・エンフバヤル党首が大勝利を宣言する会見を開いたのだ。

旧共産党の同党が久しぶりに政権に返り咲くとあって、外国マスコミの関心も高く、会見場の同党本部ホールは記者やテレビ・クルーでいっぱいになった。

しかも勝利に熱狂する党員やモンゴル政治をフォローしている各国外交官までがオブザーバーとして加わって、かなり広いホールには六、七百人がぎっしり詰まり、文字どおり足の踏み場もないほどとなった。

壇上のイスに座った巨漢のエンフバヤル党首は勝利の宣言をし、新政権の抱負を熱をこめて述べたあと、質疑応答となった。

とたんに、会場の中央部の人間が密集したかたまりのなかから「おー」というようなかけ声とともに勢いよく手があがった。すぐに他にも手がいくつもあがる。が、エンフバヤル党首はためらわずに、最初に手をあげた人物を指さした。

その人物は早口のモンゴル語で話し始めた。マイクが必要ないほど大きな声である。

「人民革命党はもともとは共産党ですが、党の長年の思想基盤だったマルクス・レーニン主義はまちがいなく完全に放棄したのですか。政権の運営の過程でまたその一部を復活させてくるようなことはありませんか」

英語の通訳でこんな意味の質問だとわかった。質問者はなお朗々たる口調で話をつづける。胸をはり、声をあげ、なんとも堂々とした態度の発言ぶりだった。

すると、周囲のモンゴル人の口からは「ヤポン（日本）」とか「ヤポンフン（日本人）」というささやきがもれてきた。質問者は日本の人だという意味なのだ。聴衆はしかも「ヤポン」という言葉を口にするとき、親しみとも敬意とも受けとれる一種のあたたかさをにじませる。

あとでわかったのだが、この質問者はモンゴルの日本大使館の富永文朗氏という参事官だった。モンゴル語専門のノンキャリア、専門職の外交官である。エンフバヤル党首は富永参事官の辛辣《しんらつ》ともいえる質問に、丁重に答えていた。

私も新聞記者を長年務め、各国の数限りない記者会見に出たが、質疑応答の冒頭でジャーナリストではなく、外交官、しかも日本人の外交官が真っ先にぱっと質問するという光景は一度もみたことがなかった。積極果敢というか、堂々としているというか、あるいは厚かましいというか、解釈はいろいろあろう。

だがいずれにしてもこの光景は、モンゴルではモンゴル語を話す専門職の日本人外交官が現地の政治指導者を相手に、自由自在に動き、重視され、しかも、一般のモンゴル人たちからも歓迎されている、という実態をひしひしと感じさせたのだった。

モンゴルの不興をかうチャイナ・スクール

モンゴルは日本に対する好感の強い国である。日本人というだけでも、お隣の中国とはちょうど逆に、あたたかく丁寧な扱いを受ける。

まして政府の後光を背に負っている日本人外交官ならなおさらだろう。

だがそれにしても日本人外交官の活躍ぶりは顕著だった。モンゴル政治の最大のイベント、総選挙の総括の記者会見で各国のマスコミや外交団が集まったなかで、真っ先に手をあげて質問するというのも、日ごろのそんな活躍の延長なのだろう。

私は総選挙の取材で多数の立候補者に会い、直接に話を聞いたが、そのプロセスでも「日本」とか「日本大使館」「日本人外交官」について親しみと畏敬《いけい》の念をこめて語る人たちに会った。

とくにモンゴル語を自由に話し、モンゴル事情に精通する富永氏、さらには先に紹介した花田麿公大使のような専門家たちがモンゴル側での話題となるのである。相手国との相互理解を深めるという点ではまさに適材適所の外交官たちだといえよう。

ウランバートル駐在の各国大使のなかではモンゴル語が流暢なのは花田大使だけだそうで、モンゴル側のテレビや講演会などに引っぱりだこだという。

だがすでに書いたように、わが外務省では花田大使の前まではモンゴル大使にモンゴルの専門家が任命されたことは一度もなかった。ほとんどが中国の専門家、つまりチャイナ・スクール出身のノンキャリアがモンゴル大使に任じられてきたというのだ。

中国専門家をモンゴル大使にするということは一見、合理性があるようだが、両国の実情を少しでも知れば、そんな人事はまさに〝不適材不適所〟であることがわかる。

モンゴルと中国は地理的に隣接するだけで、文化も政治も言葉も文字も歴史もまるで異なるからだ。

しかもモンゴル人は一般に中国人が好きではない。モンゴル、漢両民族は歴史的にも対立してきたし、いまもモンゴル側には中国に「内モンゴル」地域を奪われたという意識がある。

だが過去の日本大使には中国大好き志向を露骨に表わし、モンゴル側の人たちから反発をかった人が何人もいるという話を聞いた。

ウランバートルの大使館の自分の執務室にも中国の書や絵画を飾り立て、モンゴル側の訪問者の不興《ふきょう》をかったチャイナ・スクールの大使たちがいたというのだ。

「日本の大使が自分のオフィスに日本の書画を飾るのなら自然ですが、ある日本大使は中国の勤務が長かったためか、中国の書画や家具ばかりを飾っていたのです。こちらは日本の代表に会いにいっているのに、中国ぜめになるという感じなのです。私も含めて多くのモンゴル人が不快な思いをしました」

知日派のモンゴル人女性がこんな感想をもらしていた。

モンゴルは東西冷戦の長い期間、ソ連・東欧共産圏にあり、ソ連の軍団やロシア人の技術者多数が駐留していた。エリートたちはみなソ連とか東ドイツで教育を受けていた。だからいまもロシア語やドイツ語、ハンガリー語などを自由に話すインテリが多い。この点、文化的にも中国圏の国ではないのである。

だがわが外務省ではモンゴル国をアジア大洋州局内の中国課の管轄に入れている。中国の付属品のような扱いなのである。

モンゴルは中国とロシアという両大国の間の戦略的に重要な地域に位置する。日本とは共通の民主主義の政治体制を築き、しかも日本にはとても親密な態度を示す。日本外交にとって超重視すべき好条件ぞろいの国なのである。

だが日本外務省は中国の延長のような扱いをし、大使も花田氏まではノンキャリアの中国専門家のお古を払い下げるような人事をしてきたのだ。

しかし日本の外務省でノンキャリアの専門職が自分の専門とする国や地域の大使になるというのは、例外中の例外である。モンゴル大使の実例はあくまで例外なのだ。

日本とモンゴルが国交を樹立した一九七二年以来、日本側ではこの花田大使までモンゴル専門家が大使になったことは皆無だったというのだから、この大使人事がいかに異例かわかる。そしてまた二〇〇二年にはこのモンゴル大使のポストは、花田氏にかわってモンゴルとは無縁のドイツ語専門のキャリア官僚に与えられ、もとの〝不適材不適所〟にもどってしまったのだった。

キャリアを越えられない専門職の限界

しかしノンキャリアの側にも問題はある。

これまですぐれた専門職の外交官の適材適所ぶりの実例をいくつか紹介してきたが、そうではないような例も多数ある。

先にチェコ専門の外交官がカナダに異動した話を書いたが、同じく紹介したベトナム語の専門家二人もその後アトランタやグアムに送られている。

適材適所のノンキャリアも長くはつづかないのだ。

それにノンキャリアの人たちは外務省の組織内では最初から二線級、三線級の黒子として扱われるから、与えられる情報も責任も狭い範囲に限られ、知らず知らずのうちに、視野の狭い官僚になっていく傾向も否めないようだ。

私自身の体験でも各国の日本大使館で日本人外交官と会い、ほんの一、二分、話しただけで、同じ書記官という肩書きでも、「ああ、この人はキャリアではないな」とピンとわかるケースが多かった。

外務省の制度上の被差別が長年の勤務の間に毛穴からしみこんでしまったように、次元の高い外交テーマにはまるで知識や関心がないことを感じさせたり、外部の人間と接するときの最低限のマナーまでが欠けていたり、という場合が何度もあった。

いくら必死で働き実績をあげても、しょせんは下層ということであれば、士気も落ちるし、知識欲も落ちよう。

プロフェッショナルとしての人間の知性の水も、職務への取り組みの意欲の泉も、すっかりよどんでしまうのが、このノンキャリアへの差別制度の性《さが》なのである。

やはり職が人間を作るというのは、真実なのだろう。

良貨たりうる素質の人間も環境のために悪貨へと転落してしまう、ということでもあろう。最近の一連のスキャンダルで摘発された外務省職員の多くが、ノンキャリアであることも、そのへんの現実を物語っているといえる。

だからときにはノンキャリアの外交官のなかには、外交官としてはびっくりするほどの「悪貨」にぶつかることもある。

ワシントンで私が一九九〇年代後半に接触したある女性の専門職など、そうしたノンキャリアの悪い部分を寄せ集めたような実例だった。

外務省に入って十数年、三十代なかばのその女性外交官Nさんは本来はスペイン語が専門だった。中南米を担当し、現地にも赴任したことがあったようだが、こんどはどういうわけかワシントンの日本大使館へ書記官として送られてきた。

そのN女史はなぜかアメリカが大嫌いだと公言するのだ。中南米担当の間に「アメリカ帝国主義打倒の闘争」にでもかぶれたのだろうか。とにかく「アメリカは傲慢《ごうまん》で偽善で人種偏見で日本をバカにし、嫌悪すべき国だ」という趣旨をことあるごとに口にするのだ。

どんな意見を持つのも個人の自由ではあるが、N女史はアメリカ人も出席するレセプションなどでも、大声で「アメリカは乱暴で嫌らしい国」などと誹謗《ひぼう》するのである。

「官尊民卑」の〝外務省原理主義〟

ましてN女史の大使館の書記官としての任務はアメリカ一般に向けて日本の文化や社会の実態を知らせ、相互の理解や交流を進めることを目的とするセクションの幹部だった。だから日米友好の促進は彼女の使命だったのだ。

ところが公私両面でもっぱらアメリカの悪口をいってまわるのである。

N書記官は本省では日米貿易摩擦を担当する北米二課にもいたらしく、ときのクリントン政権が日本の規制緩和や不良債権の処理断行を求めることにも、「アメリカに文句をいわれるいわれはまったくない」と、ものすごく反発する。

日本側の人間が「でも日本の慣行にも直すべき点があるでしょう」などというと、「アメリカの御用聞きみたいなことをいわないでください」とヒステリックに反発する。

それになによりもN書記官は日本の外務省はいつも絶対に正しいという〝外務省原理主義〟で、私が外務省の批判など口にすると、「なにもわからないくせに、くだらないことばかり書いて」と反論が爆発することがよくあった。

民間がなにをいうのか、という官尊民卑の態度がこんな若い世代にもいまなお健在であることを知らせてくれた点では私には貴重な存在だった。

こうした人たちとの接触でとくに感じたのは、人間としての総合的な水準の低さだった。常識の欠落といってもよい。

外交官でも新聞記者でもアメリカに批判を感じている在米日本人はいくらでもいる。だがみなその批判の表明にはそれなりに環境や表現や相手をわきまえての最低限の配慮はする。

首都ワシントンでならなおさらであり、同盟国との関係を良好に保つことを使命とする在米日本人外交官なら、さらに慎重さが求められよう。

この点、このようなノンキャリア外交官の幼稚で感情的な言動はこれまで他のどんな日本人外交官にもみたことのない程度の低さだった。日本外交の正面舞台で活動するキャリア外交官には考えられない水準なのだ。

彼女の言動をみて、ああノンキャリアとして差別されて、勤務を重ねると、こんなにもゆがんだ「外交官」ができてしまうのか、と感じさせられたものだった。

「不適材不適所」の人事はキャリア、ノンキャリアを問わず「悪貨」を生み出しているわけである。ノンキャリアがノンキャリアという理由だけでヒーロー、ヒロインというわけでは決してないのだ。

第五章　外務省「改革」ブームの虚構

美辞麗句を並べても構造的欠陥は治らない

外務省改革のための外相の私的諮問機関「変える会」でも、さまざまな提言がなされているが……。

「川口改革」の第一弾は期待はずれ

新任の川口順子外務大臣が外務省改革の新方針を発表した。二〇〇二年二月十二日のことである。

正式には「開かれた外務省のための10の改革」と題された新方針には「骨太の方針」というサブタイトルがつけられている。

川口外相はその「骨太の方針」冒頭で言明している。

「外交は、国民の皆様に理解され、支持されなくては機能しません。一連の不祥事により失われた国民の皆様の信頼を一刻も早く取りもどせるよう、改める点は改め、国民全体の奉仕者としての意識を外務省職員に徹底させ、国益を守る強靭《きょうじん》な外交ができる体制を整えていきます」

ひびきのよい外務省改革への意欲の表明だといえる。

これまで報告してきたわが日本国の大使館、領事館、そしてそれら在外公館をつかさどる外務省は、このままだと腐ったリンゴのように、地に墜《お》ちてしまう、という危機感からの改革新方針であろう。

この腐ったリンゴもつい最近までは表面の一部にはまだツヤが残って、リンゴらしくみえてはいた。だがこのところその表面さえも水気を失い、カサカサの醜怪な様相をみせてきた。なぜならばODAの資金を先進国の大使館の光熱費などにあて、ホノルル総領事館ではアイロン代に使っていたという話、悪名高き鈴木宗男代議士のために外務省の佐藤優《まさる》主任分析官なる人物があたかも私設秘書のように密着して行動していたという話、同じ鈴木代議士の外務省がらみの疑惑が国会で提起されることがわかったあとに外務省の小町恭士《こまちきょうじ》官房長や重家《しげいえ》俊範中東アフリカ局長があたふたと同代議士と〝密会〟し、答弁の打ちあわせをしていたという話……などなど、よくいって不明朗、悪くいえば不正にみえるようなあらたな情報がつぎつぎに国会などで暴露されたからだ。

こうした話をたとえ真実半分に割り引いて聞いたとしても、外務省の不健全な体質はいやというほど感じさせられる。

前門の真紀子、後門の宗男

もっとも外務省の側に身をおいてみれば、田中真紀子外相が去ったとたんに、鈴木宗男議員とのつながりに悩まされるという現状は、まさに前門のトラ、後門のオオカミであろう。

わが身を食いちぎりかねない前門のトラがやっといなくなったら、後門のオオカミがキバをむいて襲ってきた、というわけだ。

このトラとオオカミに共通するのは、いずれも「公」よりも「私」を優先させて、物事を動かそうとするような体質であろう。もっともオオカミのほうはずっと以前から門の内側にいて、住人たちとは持ちつ持たれつ、うまくやってきたという面もある。

私自身、東京でも北京でもワシントンでも、日本外交のあり方を格調高く雄弁に語る外務省高官たちが外交のプロセスでの鈴木宗男議員の傍若無人《ぼうじゃくぶじん》の言動には恐怖におびえたように黙ってしまうという光景を何度も目撃した。

外務省には、特定の政治家の言動がいかに外交の規範からすれば不当であり、行政の基準からみて不適切であっても、その政治家が省内人事などにふるう影響力を恐れ、みずからの保身のため、出世のため、なんの抵抗もみせずに無理を受け入れてしまうという症状がしみこんでいるようなのだ。

しかしそのオオカミもトラも外務省という日本外交を担う公的組織の内部がいかにゆがみ、腐っているかを期せずして、もっともドラマチックな形で天下に知らしめたという点では功績が大きいのかもしれない。

その結果、腐ったリンゴは、やはり芯から皮まで腐りきっていたことが立証されたようなのだ。だから新任の川口外相は敏速に改革案を出さざるをえなかったのである。

いやたとえ川口氏以外のどんな人物が田中真紀子氏の後継の外相になっていても、この種の緊急の改革手段を打ち出さなくては、おさまりがつかないほどわが外務省の無惨な状況はあからさまとなっているのだ。

国民のふつうの常識から判断して、みるも無惨、言語道断の外務省の非道は、その多くが構造的、制度的な欠陥に起因している。その種の欠陥はこれまで本書でいろいろな角度から具体的に指摘してきたつもりである。

さて川口外相主導の「開かれた外務省のための10の改革」は遅きに失したとはいえ、おおいに歓迎なのだが、副題の「骨太の方針」というキャッチフレーズには、ちょっと待てよ、と感じさせられる。

個人の人間の言動で考えるならば、自分で自分のすることを実行する前から「骨太の」などと呼ぶ人物は、まずうさんくさい。そもそも「骨太」という言葉は一見、きちんとした意味がありげで、口にしていると、なんとなく気持ちはよいが、じつはなんの意味もないという種類の空疎《くうそ》な表現である。

なにもしない前から「骨太の方針」などと誇大宣伝をしてみせることが官僚出身の川口外相の官僚体質のあらわれでなければ幸いである。

ともあれその「改革」の内容は次のような目標が主となっている。
▽国会議員らからの不当な圧力を排除する。
▽若手外交官に領事業務を経験させる。
▽主要国の大使や本省幹部に民間などの各界の人材を起用する。

▽課長以上のポストにノンキャリアの職員を登用する。
▽適材適所の実現のために入省年次にとらわれない幹部人事をする。
▽ODAの評価や監査に外部の人材を起用する。
▽在外公館での領事業務サービスを拡充し、旅券申請事務をインターネット化する。
——というような趣旨はいずれも適切である。

こうした「改革」のなかには私のこの報告で何度も指摘してきた欠陥の改善提案が多々、含まれている。これはなにも私が指摘したからということではなく、ふつうの常識でいまの日本外務省のメカニズムや慣行をみれば、あまりにもその非効率や非合理、アナクロニズムが歴然としている諸点なのである。

この改革案の問題点はただひとつ、文字で書いたことがどこまで実行できるか、という点だろう。まして社会生活の大部分を官僚として過ごし、国会に議席を持つわけでもない川口外相が、官僚と政治家を標的とする大胆な改革をどこまで推進できるのか、不安はつきない。

川口氏の不可解な〝転身〟

さてこの川口外相の官僚時代、私もその活動ぶりを間近にみたことがある。川口氏が通商産業省（現在の経済産業省）のキャリア官僚としてワシントンの日本大使館に勤務していたころのことである。

川口順子氏は一九六五年に通産省入省、エリート官僚がたどるコースを順調に歩み、一九九〇年夏には外務省に出向する形で駐アメリカ公使に任じられた。そのころ私も産経新聞のワシントン支局長だったため、ワシントンで顔をあわせた。

個人としての川口氏は優雅で丁重で明るく、官僚臭を感じさせない人物だった。通産省からすでにアメリカのエール大学に送られ、修士課程をすませていたから、英語も流暢《りゅうちょう》でアメリカ社会では自在に動く、という感じだった。

その川口公使はワシントンでは赴任直後から種々の会合やセミナーにきわめて頻繁に顔を出し、積極的に発言するようになった。あまり活発なのでアメリカ側では「日本大使が女性になった」という冗談半分のウワサが流れたほどだった。

日本大使館で対外的には大使よりも強いプレゼンスの活躍ぶりを感じさせるのが女性の川口公使だということから生まれた評判だった。

その川口公使と昼食をともにしながら交わした会話をいまも覚えている。

「いやぁ、私もワシントンでは日本のいろいろな大使、公使をみてきましたが、川口さんほどアメリカ側との接触で活発に動き、積極的に語る外交官も珍しいですね」

「私のここでの勤務は時間その他が限られているので、その間にできることを最大限したい、ということなのです」

川口氏のこんな答えに私はますます好感を覚え、この女性公使への称賛をことあるごとに表明するようになった。

なるほど川口氏はわずか一年半ほどで東京へもどっていった。通産省官房審議官というポストへの転任だった。

だがその後、ほんの一年で川口氏は退官し、九三年九月、サントリーの常務となってしまった。典型的な通産官僚の天下りである。

なんとなくけげんに思っていると、旧知の古手官僚が解説してくれた。

「通産省では川口さんは間もなく民間企業に天下りさせることを決めていて、その前のハクつけに、アメリカの日本大使館の公使などというひびきのよいポストに短期間、送っただけなんですよ。だからワシントンでの川口公使の行動が活発にみえても、実質はほとんど意味のないショーだったのです」

この皮肉な解説がどこまで真実かはわからないが、私にとっては自分の浅薄な反応をやや恥じさせる効果があった。少なくとも川口公使への当初の称賛の気持ちは失ってしまった。川口氏がワシントンから帰ってすぐ天下りをしたことは事実だからでもあった。

そのうえにワシントンの日本大使館に通産省から出向してくる官僚は通産省にとってそれほど意味のある仕事はせず、むしろニューヨークのジェトロ（日本貿易振興会）に「産業調査員」という肩書で駐在する通産省キャリアの忍者たちがワシントン業務までを執行していることがわかってきたからでもあった。

改革を担う新次官もエスカレーター人事

しかし外相となった川口氏が官僚出身だから外務省の改革などできはしないなどとスタートの前から予断を下すことは不公正であろう。官僚出身だからこそ官僚機構の欠点を熟知し、効率のよい改革を大胆に断行するかもしれない。少なくとも川口外相が発表した改革案にはそんな大胆な措置がいくつもうたわれている。

だがそれでもなお楽観はできないと思わされてしまう。

川口外相が就任早々に決めた外務事務次官の人事が大胆な改革とはおよそ反対を向いているようにみえるからだ。

川口外相は「外務省幹部には民間など各界の人材を起用する」と高らかな改革路線を宣言するその口のはしから、これまでどおりの入省年次最優先のエスカレーター人事にもどって、竹内行夫インドネシア駐在大使を次官に選んだのだ。

竹内氏はもちろん外務省の従来の規範ではきわめて優秀とされる外交官である。

英語が専門で、条約局の条約課長というエリートの関門を経て、ロンドンやワシントンに勤務、本省では九七年以来、条約局長、北米局長、総合外交政策局長と、一年ずつ局長ポストを三段跳びで歴任した。二〇〇一年三月にはインドネシア大使としてジャカルタに赴任したばかりだった。

この竹内氏は外務省の入省は一九六七年である。それまで次官だった野上義二氏が入省六六年、その前の次官の川島裕氏が入省六四年と、気持ちが悪くなるほど硬直した年次どおりの外務省伝来の順送り人事なのだ。

田中真紀子氏の外相としての奇矯な言動で激震に襲われた外務省トップの人事もなんのことはない、従来と少しも変わってはいないのである。

もし外務省の一連の不正事件が発覚せず、なおかつ真紀子旋風が吹き荒れなければ、事務次官は川島氏の次は一年下の一九六五年入省の加藤良三氏（現アメリカ駐在大使）となり、さらにその次は六七年入省の竹内氏というのが省内のもっぱらの予測だった。

だから竹内氏の次官就任というのは平時と変わらない旧態依然の年功序列、官僚秩序温存の人事なのである。

改革をほぼ唯一の就任理由に登場した川口順子氏の外相としての措置の第一弾がこれなのだ。「幹部には民間など各界の人材を起用」とは、よくも平然と述べたものである。

やはり官僚出身者の限界なのだろうか。

次官の人事が旧態依然の年功序列に固執するとなると、その下につづく一連の省内人事、大使人事も玉突き現象で、同じルールを適用せざるをえない可能性が高くなってくる。

派手な幕開けでスタートした外務省の「川口改革」の行方も前途にはすでに不吉な暗雲が浮かんできたようである。

「改革」後もまだつづく「くるくる交替」大使

新任の川口順子外務大臣が外務省を大幅に改革することをうたって、「骨太の方針」などと宣伝しながらも、まず最初に実際にとった措置は従来の年功序列に従った事務次官人事だった。

前述のようにインドネシア駐在大使だった竹内行夫氏をそれまでの入省年次による順番にきちんと沿って、次官に任命したのである。

川口外相は外務省がその声価を地に墜とし、国民から侮蔑《ぶべつ》の目でみられるようになった現在の危機に対して、いかにもこれまでにない断固たる姿勢でのぞむような言辞を弄《ろう》していた。だがその人事政策の主要第一弾は既成のエスカレーター人事の継続だったのだ。

竹内氏を次官にしたことには、さらに深刻な問題がある。

本省でわずか三年の間に条約局、北米局、総合外交政策局と、三局長ポストを務めた竹内氏は二〇〇一年三月にインドネシア駐在大使としてジャカルタに赴任したばかりだった。なのに二〇〇二年二月にはもう次官となり、任地ジャカルタを去ったのである。

大使勤務の正味はなんと十か月あまりという短期間なのだ。

日本の大使に任命される外務官僚たちはみな遠い外国に公費で高い運賃を払って家具家財を運び、家族を同伴し、料理人やお手伝いさんを従え、場合によってはイヌやネコなどのペットまでを複雑な検疫手続きを経て、連れていく。

赴任してからは、大きな公邸の内部を前任者のときの模様からあれこれ入れ替えて居を定め、任地国の政府に天皇からの信任状を渡し、相手政府高官や外交団メンバーに挨拶にまわり、という数か月にわたる長いプロセスを経て、日本国代表としての機能を発揮するようになっていく。

いくらベテラン外交官でも初めて住む外国での仕事となれば、現地の言葉はもちろんのこと、社会も風習も地理も西も東もわからず、ゼロからの出発となる。

新任の日本大使にとってその任地にやっと慣れるまでに二年近くかかるというのがふつうだろう。慣れなければ、機能は果たせない。ましてインドネシアのように激動する大国ならば、なおさら現地への慣れは欠かせない。

なのに赴任して十か月、さあこれから、というときにあたふたと東京にもどっていくのだ。

これまで何度も書いてきたように日本外交の重大な欠陥のひとつは大使人事のこんな実態である。

大使の任期があまりに短すぎて、なおかつ任地の国をなにも知らない、いわばアマチュア大使が赴任していくケースがあまりに多いことだ。

しかもそんな外交官たちは高校生のホームステイなみの短期で、場合によってはもっと短いサイクルで、数多くの大使、公使ポストにくるくるとめまぐるしく就任、離任していくのである。

そんな動きには日本外交という見地からすればツユほどの必要性も、合理性も、利点もない。むしろマイナスのみである。

よどみ切った空気の外務省に新風を吹きこむはずの川口外相も最初にとった措置はこの短期の大使交替の踏襲だった。

田中真紀子外相とミニ無理心中のような形で辞めた野上義二前次官のあとには、緊急の混乱に対処できるベテラン官僚の人材をすぐにあてる必要はたしかにあっただろう。外務事務次官というのは日本外交の枢要ポストである。

だがインドネシア駐在の日本国特命全権大使は重要ではないのか。

インドネシアは中国とならび外務省お得意のＯＤＡ供与の最大相手である。ＯＤＡ外交を看板にする外務省にとってはもっとも大切な国だろう。日本全体への経済上の重みもなかなかである。しかも国内政情は揺れ、国の行方は日本はもちろんアジア全体の安全保障にも重大なインパクトを与える。

そんな国にわずか十か月前に送りこんだ大使をエレベーターのボタンでも押すように、あっさりと呼びもどしてしまうのだ。

在勤わずか五か月の大使まで登場

もっとも、日本大使の「くるくる交替」現象はこれに限らず、このところいちだんとひどくなっていた。

竹内行夫氏のケースよりももっと極端なのは、二〇〇一年八月にシンガポール駐在大使から政務担当の外務審議官となった高野紀元氏の人事だった。

高野氏といえば一九九八年に北米局長だったとき、国会答弁で「日米防衛協力のための指針(ガイドライン)がうたう周辺事態の「周辺」が台湾海峡をも含むというごくあたりまえの言明をしたところ、中国が反発し、気味悪いほど中国べったりだった当時の橋本龍太郎首相の不興《ふきょう》をかって更迭《こうてつ》された外務官僚である(第一章参照)。

その高野氏は二〇〇一年三月にシンガポールに特命全権大使として赴任したばかりだった。なのに同じ年の八月には外務審議官として東京にもどったのだ。

いくら醜聞続出と真紀子旋風という外務省の大異変による緊急の人事異動とはいえ、大使在勤が五か月というのは相手国に対しても、大使たちの海外転勤の経費を払う日本国民にとっても侮辱である。

日本大使の一回の転勤にどれだけの費用がかかるのか、民間のだれかが外務省に対し情報公開法ででも金額の公表を求めたら、おもしろいだろう。

さてこの高野氏がシンガポールに大使として赴任して三か月ほどが過ぎてからの二〇〇一年

六月、ジェトロ関連の「日本・シンガポール協会」が発行する雑誌『シンガポール』(二〇〇一年六月二十九日号)が「高野新大使とのインタビュー」という記事を載せた。

その記事の前文には次のように書かれていた。

「――今年三月、橋本宏前大使に代わって高野紀元大使が新たに赴任された。赴任後間もない同大使をナッシム・ロードの日本大使館に訪問、着任後のご様子を伺うと共に、今後の大使としての抱負などについてお尋ねした。」

質問と答えの冒頭は次のようだった。

「――外務省入省後、東南アジア、特にシンガポールとの関わりはどのようなものがございましたか。また、その時のシンガポールの印象はいかがでしたか。」

「入省後、今からもう25年前、ビルマ、今のミャンマーに在勤しておりました(2年間)。当時のビルマでの厳しい生活の合間に短期間、買い物などでシンガポールに滞在したことがありました。その際、シンガポールが(ビルマに比べ)はるかに発展していたことに強烈な印象を覚えました。(中略)東京では経済協力の仕事の関係で、シンガポールとの間で、技術協力に関しての業務に携わったこともあります。また8年ほど前、アジア局に在籍していた当時は、シンガポールをはじめ東南アジア各国を訪れました。」

この雑誌は日本で出されているとはいえ、読者にはシンガポール在留日本人をはじめ現地とかかわりの深い日本人が多いため、インタビューする側はそうした読者を代表する形で、新任の大使を歓迎し、「着任後のご様子を伺う」とともに、「今後の大使としての抱負」を問うているわけだ。

質問をする側には、よくいらっしゃいました、これからよろしく、という丁重で、おずおずとした挨拶と期待の表明がにじんでいる。高野氏が地元の日本人たちのためにも特命全権大使として腰をすえ、じっくりと活動してくれるだろうという願いを切ないほどにへりくだった口調で伝えているという印象である。

高野大使はそれに対して、任地とのかかわりとして二十五年前にビルマにいたとき、買い物にきただけの訪問を誇らしげに挙げている。任地国にほとんどかかわりのない日本大使の典型がここにもある。

最近はどこの国の在留日本人社会でも現地の状況にもっともうといのが日本大使館の大使や公使だという実態をこれまで報告してきたが、シンガポールもまさにそうなのである。

そのうえに高野大使はこの記事が出てほんの一か月後の八月上旬という時期に、あわただしくシンガポールを去り、日本へ帰ってしまったのだ。わずか五か月の在勤だった。

シンガポール側をも地元の日本人たちをもバカにした動きだといえる。

事実、シンガポール駐在の私の知人も「シンガポール政府もきわめて異例の短い大使在勤だとびっくりし、地元の日本企業駐在員たちも日本の恥のように受けとめていました」と現地の反応を伝えてきた。

信任状を渡すやいなや帰国

これまで日本大使の異様な短期在勤の実例をいくつも指摘してきた。そのなかでは小倉和夫フランス駐在大使がベトナム駐在大使だったとき、正味の在勤が八か月だったのが「史上最短の記録」と書いてきた。

ところがその後、私の連載の読者からの投書があり「小倉和夫氏が任期の最短記録というのは正しくありません」と指摘された。同封の新聞記事コピー三枚をみると、なるほど、小倉氏よりもっと短い実例が載っていた。

二〇〇〇年五月十六日発令の人事で甲斐紀武《かいのりたけ》氏がレバノン駐在大使に決まったのに、同年十月二十七日にはもう辞職し、ほぼ二か月後の二〇〇一年一月六日の発令でこんどはチュニジア駐在の大使に任命されているのだ。

甲斐氏が正式にレバノン大使だったのは五か月、実際の在勤はもっと少ないだろう。日本からはほぼ地球の裏側にあるレバノンまで大使として赴任して、ほんの三、四か月で帰ってくるのである。

高野氏のシンガポール大使もこれとほぼ同じ超短期だったのだ。

そもそも日本国の特命全権大使というのは、なんなのだろう。

簡単にいえば、大使は日本の政府や国民を代表して相手国に駐在し、日本の利益を守り、日本の立場を述べ、在留日本人を助けるという責務を負った在外官僚の長である。

ただし官僚組織での身分上は天皇から認証を受ける特別公務員となる。認証とは天皇が公的に認めることである。つまり大使は天皇から特別に任じられ、命を受けるというわけだ。だから特命全権と呼ばれるのだろう。

大使は辞令交付とともに外務省を離れ、あらためて特別公務員となる手続きを経る。特別公務員には国務大臣や国会議員が含まれるから、外務官僚としてはまさに特別のポストなのだ。

そして大使は、赴任の前には天皇陛下から信任状というのを渡される。そのためには認証式という儀式のためにモーニングの正装で皇居に出かけ、うやうやしく信任状を天皇から受けとる。

この信任状は天皇から大使の赴任先の国家元首にあてた書簡である。大使は着任後にまた威儀を正して、相手国の元首にその信任状を渡しにいかねばならない。その信任状奉呈式というのも国によってはモーニング姿でのおおぎょうなセレモニーとなる。

多くの新任の日本大使の場合、相手国の元首も多忙だから、信任状の奉呈は着任から一か月とか二か月、あるいは三か月以上も後となる。

となるとシンガポールでの高野紀元大使やレバノンでの甲斐紀武大使のようなケースでは、相手国の国王や大統領に天皇からの信任状を渡してすぐ、二、三か月で離任ということになってしまう。

なんとも愚かな慣行ではないか。

大使と本省幹部を同列に選ぶ硬直人事

ちなみに外国の例をみると、こうした無駄や非礼を避けるためにブラジル政府では自国の大使の任期はみな最低五年という規定を作っている。

他の国も大使が通常の慣行として一年以内でどんどん替わるというような人事はまったくしていない。

日本の外務省がこんなバカな人事を繰り返しているのは、ひとつには年功序列の硬直した枠のなかで、国内の本省の次官や外務審議官、局長のポストと、国外の大使、公使のポストをまったく同種同列にみなしているからである。

次官も局長も大使もみな似たような入省年次であり、いずれもごく少数の一定の古参外務官僚のプールのなかから選び出さねばならないとしているからだ。

たとえば外務次官のポストが急に空いたとき、その後任は入省年次の一定範囲の官僚からのみ選ぶとなると、その候補の多くは在外の大使を務めている。

だから竹内行夫氏のようにインドネシアから呼び寄せることとなる。

次官も局長も国内ポストはいまは一年たらずに一度の頻度でどんどん交替していく。就任にあたってはモーニング姿で皇居に出向く必要もない。

だが国内ポストを埋める後任は、往々にしてモーニング姿を経て、外国に赴任していった大使たちなのだ。

国内と国外と、そもそも機能の異なる外交官を常にいっしょくたの人材プールとして扱っているために、高校生のホームステイより在勤の短い「くるくる交替大使」が続出するのである。外務省では人事上、わりに短期で替わっても支障の少ないとみられる国内ポストを、短期で替われば明らかに支障の出る在外ポストと硬直的に結びつけ、同一の人事異動の基準で人間を動かしているから、こうした現象が起きるわけだ。

となれば、解決策は簡単である。

特命全権大使の人事は国内の本省の人事とはある程度、区分して、別の異動基準にすればよいわけである。

大使「閣下」も議員接待では「従者」となる

鈴木宗男事件は、外務省の官僚たちがいかに異能異色とはいえ一国会議員の意のままに操られ、局長とか大使とされる高級外交官たちが政治家・鈴木の利益のためにコマネズミのように走り回らされていた実態を国民の前にさらけだした。こんなことがあってはならないのは自明である。

だから鈴木事件の教訓がぜひともよい方向に活かされてほしい。

その点では川口順子外相らが外務省職員と国会議員との接触を申告制にするという案を打ち出したことには、きわめて大きな希望が持てる。

政治家と接触した外務官僚はその接触の内容や目的を記録に残し、公開さえもできるようにするという新システムは、公私の区別も定かでないこれまでの政官の結びつきを明朗にするだろう。

だがこうした改革は言うに易《やす》し、である。現実には非常にむずかしいのだ。

外務省の官僚たちが政治家にいかに弱いかは私も長い年月、各地の日本大使館で目撃してきた。

外務省の側ではとくに高官となればなるほど、国会議員のご機嫌をとることに熱心となる。大使館でならば特命全権とされる大使や公使ほど、日本から訪れてくる衆参両院の議員たちの接待に熱をこめる。参事官や一等書記官を動員しての文字どおり朝から晩までの密着の接待となる。

政治家の側も外務官僚を下僕のようにこき使う場合が多い。その意味では大使が「従者」のようになってしまう場合さえあるのだ。

外務省職員と政治家との接触の内容や目的を公式文書にして報告するという制度がもし実現したら、海外でのこうした接待はどう報告されるのか。

私はこの点をたまたま出席した二〇〇二年三月二十六日のワシントンの日本大使館での記者懇談で質問してみた。

大使館側の答えは次のようだった。

「議員たちの訪問が公式ミッションか、正式な交渉か、それとも私的な勉強か、など、目的によって異なるでしょうね」

しかしこれまでの議員の外国訪問では私的だか公的だか不明な外遊があまりに多い。公私の区別がつかないことこそ問題である。

北京詣《もう》でに訪れる毎年合計二百人近くのわが衆参両院議員など、中国側の招待を受けての訪問がほとんどだから、晩餐《ばんさん》、観光が主体であり、公私の分類はむずかしい。

そのへんの区分をはっきりさせるためにも、この政官接触の報告制度は意味があるだろう。

「違う柄のネクタイ一千本」を買いに走った外交官

外国の日本大使館員たちが日本からくる政治家のために、よくいえばどれほど献身的に、悪くいえばどれほど卑屈なまでに働くか、あるいは働かされるのか。

私が初めて現実のすさまじさとおろかさを痛感したのは、もう二十五年以上前のことだった。

正確には一九七七年三月、舞台はワシントンである。

ときの福田赳夫《たけお》首相がジミー・カーター大統領との日米首脳会談のために、ワシントンを訪問した。日本側代表団には園田直《すなお》外相が入っていた。園田氏は自民党の派閥の実力者、よい意味でも悪い意味でも真に日本の政治家らしい政治家だった。

私は毎日新聞のワシントン駐在特派員として、この日米首脳会談の取材にあたっていた。

さてそんな状況のワシントンでわが日本大使館の外務官僚たちは、日米首脳会談の進行に忙殺されるなか、園田氏から「アメリカ製のネクタイ一千本を買ってこい」という命令を受けたのである。

しかも、その一千本はみな柄がそれぞれ異なるネクタイにせよ、というのだった。

日本大使館のエリート外交官たちはワシントンの街に散って、ネクタイの大量買いつけに走りまわった。

当時のワシントンではほぼ唯一、デパートらしかった「ガーフィンケル」という店のネクタイ売り場に駆けこんだ日本外交官は「数百本、できれば一千本、柄の異なるのを売ってください」と頼んで、びっくりしたアメリカ人店員から「当店にはとてもそんなにたくさんのネクタイはありません」と断わられたという。

園田氏はこのアメリカ製のネクタイを日本に持ち帰り、選挙区の支持者たちにワシントン土産として贈るつもりだったようだ。だから一本一本、デザインが異なる製品が必要だと思ったのだろう。

外相として日本の外交活動の範囲内で必要なネクタイ一千本ではなかったことは明白である。政治家・園田としての活動だったのだ。

政治家のこんな命令を受けて日本人外交官たちが異色ショッピングにアメリカの首都を走り回るという光景は、もうマンガである。だが日本の政治家と外務官僚との関係ではそんなことが世界各地で実際にいくらでも起きてきたのだ。

同じ時期、ワシントンを頻繁に訪れる日本の国会議員たちが日本大使館員に地元選挙区あての絵ハガキを大量に投函させるなどというのは日常茶飯事だった。投函ならまだしも、宛名書きや、場合によっては「いま米国の首都ワシントンにきて、外交活動に励んでおります」というような本文までを手書きで記す作業を大使館員がやらされることも珍しくなかった。

外務省では、大使、公使が海外に連れていくお手伝いさんや料理人を「従者」と呼んでいたが、こと政治家が相手となると、大使館幹部が従者となってしまうのだ。

「ネクタイ一千本」のエピソードはかなり広がり、アメリカ政府関係者にまで伝わって、かっこうの笑い話となった。

私はその話を毎日新聞の当時のコラムで紹介した。「恥さらす政治家」「外遊の季節」「露骨な国内向け言動ばかり」といった見出しのついたコラム記事となった。

ただし私はその記事では「園田直氏が日本大使館にネクタイ一千本を買うことを指示」とはっきり書いたが、毎日新聞のデスクでは園田氏の実名を消して「福田首相の訪米に同行した大物政治家」というふうにぼかしてしまった。

その後、二十年以上、こうした極端なケースこそ少なくなったようだと思っていたら、とんでもない。鈴木宗男事件により、もっと悪質で、もっと大規模な政治家と外務官僚との癒着《ゆちゃく》がつづいていることがあばかれてしまったわけである。

ベテラン大使も新人議員のご機嫌うかがい

とくに癒着とはいえなくても、外国駐在の日本人外交官が日本からくる政治家たちに対し、公的な施設や資源を動員して、下にもおかないもてなしをするという実態は一九七〇年代もいまも変わりはない。

そのもてなしが厳密には公務なのか私事なのかの区別がはっきりしないというのも、数十年も一貫して変わらない現実なのである。

だから前述のワシントンの日本大使館関係者の「議員たちの訪問の目的によって（対応や報告の是非が）異なる」という説明も空疎にひびいてしまうのだ。

議員の訪問の趣旨が不明で、目的を明確に定義づけることがむずかしい場合が多いのが現状であり、そうした現状を正して、大使館側の議員接待もその目的や趣旨をきちんと定義づけることこそ、いま求められているのである。

出先の大使は訪問してくる議員にはことさら弱いという実態を、私は期せずしてごく最近の飛行機のなかで目撃した。

私は二〇〇二年二月末から三月中旬にかけ、アフガニスタンに取材旅行に出かけたのだが、その途次、東京から北京を経てパキスタンのイスラマバードに飛ぶパキスタン航空の機内で、たまたまパキスタン駐在の沼田貞昭大使といっしょになった。沼田氏は夫人とともに日本での休暇からイスラマバードに帰任する途中のようだった。

同じ機内には参議院議員の大仁田厚氏が乗っていた。プロレス出身のこの新人議員はパキスタン経由で、アフガニスタンに視察に向かうところだった。

沼田大使がこの新人議員に示す態度が外務官僚と政治家との関係を象徴していた。

二列ほど後に座った大仁田氏の席に出かけて丁重に挨拶するのはまあ自然だとしても、フライト中もときどき気にして席に近寄り、「センセイ」「センセイ」と話しかける。夫人を大仁田氏に「これが家内です」と紹介する。

外務報道官を経てパキスタン大使となっているベテラン外交官も、超新人とはいえ国会議員の前に出ると、主従のような態度になってしまうのだ。

機内ではパキスタン在住の日本企業幹部社員らしい日本人男性たちがわざわざ沼田大使のシートまで出向いて、王様への謁見《えっけん》のごとく、深々と頭を下げるのだが、大使のほうは座ったままで、あっさりとうなずく程度である。私も面識があるので沼田大使とは機内でも到着先の空港でも言葉を交わしたが、夫人には最後まで紹介していただけなかった。

国会議員のセンセイと、民間の企業やマスコミの人間と、大使の対応は現金なほど違うのである。

どの大使でも議員にはみな同じような態度をとるのだから、あえて沼田大使の例をあげるのは気の毒ではある。

だが鈴木宗男事件後まもない時期の私自身の目撃体験であるうえに、沼田氏はいつもゆったりとしてささいなことには動ぜず、ゴマすりタイプにはまったくみえない人物だから、ということもある。こんな人でもいざ議員の前に出ると、いそいそと小まめに、ご機嫌うかがいの対応をみせる、ということなのだ。

激怒した鈴木宗男に戦々恐々

北京でもワシントンでも日本大使館にとっては日本からの政治家をもてなし、世話をすることは、大使館としての多様な仕事のなかでも質量ともに最大の仕事の部類に入っている。大使や公使にとってはもっとも神経とエネルギーとを使う仕事であることは間違いないといえる。

国会議員が来るとなると、まず館員、場合によっては大使みずからが空港に出かけて、歓迎の意を表する。空港での入国手続きも日本人政治家を特別に扱い、一般旅客とは別個なスピーディーな経路ですませるのが大使の腕のみせどころともなる。

ただしこうした特別扱いは、きちんとした法的ルールの確立された先進民主主義国ほどむずかしい。

政治家たちが入国してからは、出国するまで車その他の交通手段は原則として大使館がめんどうをみる。政治家は観光でも食事でも大使館提供の運転手つき乗用車を自由に使うのがふつうとなっている。

ワシントンでは、よく訪問してくる野党の女性新人議員がかなりの日数の滞在中、大使館の車をふんだんに使い、明らかに仕事のない休日まで、郊外のフランス・レストランで好みの料理を食べるために、車を半日も使いっぱなし、運転手を長時間、待たせたというような話はいくらでもある。

北京では二〇〇〇年十月、かの鈴木宗男氏らが日本大使館差し向けの車が高級乗用車ではなく、ミニバスだったので激怒したというドタバタ寸劇もあった。

日中緑化推進議員連盟の会長として中国を訪れた鈴木氏は北京市郊外の植樹の現場に向かうのに、他の議員たちといっしょのミニバスを供されたことに怒ったのだった。

同時に対中ＯＤＡ二十周年記念の式典にきていた国際協力銀行幹部の旧大蔵官僚らがふつうの乗用車を与えられたことを知り、鈴木氏の怒りはことさら激しかったという。

なんともくだらない話ばかりなのだが、日本大使にとっては、ことほど議員の接待は重要なのである。

日本大使館員は訪問議員たちが相手国の政府関係者らと会う際にも、事前に会合のアレンジをして、会合に同行し、案内し、通訳まで務める。議員たちの名所の見物、ショッピング、食事などもみな世話をする。

大使や公使は議員を会食に招いて、丁重に接待する。大物政治家であれば、大使公邸での豪華な晩餐が欠かせない。

最近は政治家が夫人同伴で外遊することも多いから、大使館側も大使、公使の夫人を動員して、女性同士の特別の接待も展開する。

なにしろアメリカ、フランス、中国などの主要国の日本大使館は訪れてくる議員が多いから、その接待に費やす時間、労力、経費はたいへんな量となる。

だから大使あるいは大使館にとって、最重要な仕事は議員接待だという実態にさえなってくるのである。

とくに大使や公使にとっては議員たちにどう思われるかは自分たちの将来の人事を左右するという意識がある。議員が与党の大物であればあるほど、その意識は強くなる。第一章で紹介したような橋本龍太郎元首相による中国大使人事への不当な介入のようなケースがあれば、他の大使たちはふるえあがり、自分だけはその犠牲にならないようにと、訪問議員を必死でよろこばせようとするのは自然ともなってくるわけである。

「改革の目玉」学者登用も〝守旧派〟人事

二〇〇二年春、川口順子外相の下での外務省はいよいよ改革の一環として民間人大使の人事を発表した。

ジュネーブ駐在の軍縮会議日本代表部大使に上智大学の猪口《いのぐち》邦子教授を起用するというのだ。軍縮などとはなんの関係もない外務官僚を順番に送りこむ従来の人事とくらべれば、ずっと適材の登用だといえよう。猪口氏は少なくとも学者として軍縮とか軍備管理というテーマを手がけてきたからである。

とくにこのジュネーブの軍縮担当大使は、なんともみっともない醜聞を起こしたキャリア外交官の登誠一郎OECD代表部大使がついその三月まで務めていたポストだった。

登氏は外務省の業務用コンピュータのシステムで恋人にラブレターを送り、操作のミスでその内容が外務省全職員がみる掲示板に載ってしまうという笑うに笑えない不祥事を起こして、四月四日には訓戒処分を受けた。日刊ゲンダイや週刊文春がスクープとして「相も変わらぬ外務官僚」「『超大物大使』の不倫ラブレター」などという大見出しの記事で報じたことから明るみに出た醜聞だった。

外交官歴三十数年の古参官僚にしてこんなおろかで堕落した言動をとっているのだから、わが外務省のキャリアたちはいったいどこまで腐っているのか、想像もつかない。

その登氏が任命されたばかりのパリのOECD代表部大使の前任は西村六善《むつよし》氏だった。西村氏はいまや国賊なみのあつかいとなった鈴木宗男議員とかつて親しすぎたために更迭されていた。本省の欧亜局長だった西村氏はその管轄下にある北方四島支援事業に鈴木代議士の不当な介入を許したというのだ。だからパリから突然、帰国を命じられたのだった。

このところ大使たちをめぐるスキャンダルはますます輪を広げている。というよりは、もともと高級外務官僚というのはそういう体質であり、その種の言動はいくらでもあったのが、世間一般の外務省をみる目がきびしくなったために、たまたま表に出るようになっただけ、という見方もあるだろう。

歴代タイ大使のゴルフ場会員権問題

二〇〇二年四月八日の衆議院の決算行政監視委員会では、民主党の山田敏雅議員がタイ駐在の歴代日本大使の疑惑を追及した。

タイの日本大使館が地元の日本ビジネスマンと不明朗な癒着があるとか、日本大使がゴルフをするのが自分の仕事だと豪語したとか、週刊誌が数回の現地報告で伝えていたが、山田議員はまずこうした疑惑に対する外務省の調査が杜撰《ずさん》だと批判した。

「小町官房長が赤尾大使をお呼びになって、平日ゴルフとか賭《か》けゴルフがありましたか、ありませんか、と聞き、答えが、そういうことはございませんとなり、それで調査は終わった、ということなんです」

その前年までバンコク駐在だった赤尾信敏前大使はタイのゴルフ場で日本人に現金を渡すところをビデオに撮られ、「賭けゴルフの負けを払った」と報じられた。だが外務省官房長の事情聴取に対し、赤尾氏はジュースを飲んだ代金をゴルフ場のオーナーに渡しただけだ、と答え、調査は終わりとなった。

しかし山田議員は決算委員会で赤尾氏の言はウソだと断言する。

「私はこのビデオを自分でみました。赤尾大使のおっしゃったことは明らかなウソであり、ゴルフ場のオーナーにはお金を渡さないで、別な方に渡しているのです」

そのうえで山田議員は歴代の日本大使がバンコクの高級ゴルフクラブの会員権を無料で贈られていたことを明らかにした。

「このゴルフクラブが歴代の赤尾大使、太田大使、恩田大使の三人に会員権を無料で発行して、あなたはただで、やってくださいと申し出ているのです。恩田大使の例だと、会員権の期限切れが二〇二五年、本人が九十歳になるまで無料でゴルフをしてください、というわけです。こういうものを受け取って歴代大使がプレーをされているわけです」

山田議員は決算委員会の場で、赤尾信敏氏、太田博氏、恩田宗《たかし》氏という三人の歴代タイ駐在大使あてに「バンコク・ゴルフ&カントリー・クラブ」が発行した顔写真入り無料会員権のコピーを証拠として提示した。そして大使が任地国の商業組織からこの種のサービスを受けるのは不当な便宜供与につながるのではないか、という疑問を提起したわけだ。

この行為自体が法律や規則に違反するか否かを別にしても、日本の一般国民の常識からみれば職権をカサにきた不当な受益である。日本国内で高級官僚が職務で接する相手から同じような利益を受けたら、犯罪になってしまう。

日本から遠く離れた外国に駐在するわが特命全権代表には年来、この種の役得はいくらでもあり、それが国内の公務員の倫理基準の変化でやっと問題視されるようになった、ということだろう。

だが外務省の反応は一般国民とは異なるようだ。

山田議員は次のように述べている。

「これ（ゴルフクラブ会員権の無料取得）を問題ではないですかと外務省に聞いたところ、問題ではありませんという答えでした」

他の一連の醜聞や不祥事への対応をみても、外務省はまだまだ全体になまぬるいようだ。

全世界から嘲笑をかった〝醜聞〟大使

「不倫ラブレター」を外務省全体に向けて発信してしまった登誠一郎ＯＥＣＤ代表部大使にしても、そのラブレターの内容をみると、大使としての仕事よりも恋人に手紙を書くことに、より多くの熱意や時間を注いでいる感じさえあるのだが、処分は単なる訓戒である。

外務省側では訓戒というのはわりに重い処分だと説明するが、登氏がＯＥＣＤ本部で日本国を代表して大使職務をつづけることには変わりない。

だが日本大使というのは日本の顔である。対外的なイメージや威信のような要件がもっとも大切な職務だといえる。

その日本の顔が不倫の恋人へのラブレターを電子メールで間違って、本省の掲示板に載せてしまい、その事実が処分とともに全世界に公表されてしまったとなれば、その顔が他人の笑いを誘うだけのオカメやヒョットコになってしまったのに等しい。しかもその笑いは嘲笑《ちょうしょう》である。

民間人が不倫ラブレターを他人に読まれたというのとは、次元が異なる話なのだ。

だがそれでも外務省は登氏にこれまでとなにも変わらず大使職務をつづけさせるのである。

ちょうど同じ時期の二〇〇二年四月十日、スイス外務省はドイツ駐在のスイス大使トーマス・ボラー氏を解任し、帰国を命ずるという措置を発表した。

ボラー大使は三月下旬、ベルリンのスイス大使館に魅力的なモデルのドイツ女性を連夜、招き入れ、情事を楽しんでいる、とドイツの各新聞で報じられた。その女性は午前三時ごろひっそりと大使館を出ていくところをタブロイド紙に写真に撮られ、大使とのセックスまで認めてしまった。ボラー大使はそんな関係を否定し、あくまでふつうの社交だと主張した。

だがスイスのヨゼフ・ダイス外相はボラー氏の大使解任を断行した。

その理由として同外相は次のように述べている。

「わが外交官の私生活は公務に障害をきたさない限り、私の関知するところではありません。しかしボラー氏の現状に関しては、彼が大使としての公務を果たすのに必要な威信、沈着、信頼性をもはや有していないとの結論に達しました」

大使には対外的な威信や信頼性のイメージがもっとも重要なのだ、というのである。

このスイス外相の言明は、登氏にあたかもなにもなかったかのように大使としての在外の公務を継続させる川口順子外相の態度とは対照的だといえる。

登誠一郎氏、赤尾信敏氏、はては西村六善氏といったキャリア外交官の大使にくらべれば、猪口邦子氏の軍縮担当大使起用はずっと好ましい。

なにしろこれまでのこのポストは軍縮などまったく関係のない経歴のキャリア外交官たちが単に年功序列で順番に務めてきたのだ。

それに世界のどこを見回しても、日本大使といえば、五十代後半から六十代の灰色のイメージの強い男性外務官僚ばかりなのだ。その日本の顔たるポストに四十九歳の女性学者が登場するのは、日本社会の多様性を外国に知らせる点でも意義があろう。

猪口氏は私もワシントンで話をしたことがあるが、日本語でも英語でも語り口の明晰《めいせき》な、好感のもてる女性である。

しかしこの猪口氏の軍縮大使起用をもって、外務省がなにか大きな改革をすでに果たしたように思うのは大きな間違いだろう。

外務省自体はこの民間学者の大使登用人事を改革の目玉として大々的に宣伝しているようだ。だが猪口氏の起用が外務省の体質や慣行の改革を意味するわけでは決してない。

お気に入り学者の「登用」

その第一の理由は、猪口氏がこれまで外務省の政策や制度を表だって批判することなど、なかった人物だということである。

外務省は国際問題を専攻する民間の学者や研究者たちのなかの特定の人たちを日ごろから優遇している。国際会議への招待、ＯＤＡなどの視察旅行への招待、審議会、研究会メンバーへの任命、委託研究の発注、研究資金、留学資金の供与や補助、情報の供与、外務省関連の刊行物への論文執筆依頼など、手段は多様である。

外務省は直接、間接の方式で、表面はあくまでアカデミズム活動の奨励という形をとり、東大の某教授、慶大の某教授、同志社大の某助教授、というふうに便宜を与えるのだ。

こうした利益を受ける側の学者は外務省への批判や反対は絶対にといってよいほど、表明しない。逆に外務省の思考や政策に沿った主張をマスコミなどに発表することが多い。

となると、外務省はまたそうした学者を大切にし、あれこれ利益を与える。

こうした人たちは外務省からかわいがられる〝ペット学者〟だといえる。ODA削減や集団的自衛権行使を唱えるような学者は絶対にここには含まれない。

日本では外国に関する情報は政府、つまり外務省の独占が激しいから、国際問題に取り組む学者、研究者にとっては外務省からの支援は貴重である。政府機関への依存度がアメリカの学者などよりずっと高くなるのだ。

外務省の側はそれをよいことに日ごろからこうしたペット学者をコントロールし、自分たちに都合のよい情報や政策の宣伝に動員する。

私は猪口邦子氏が外務省のペット学者だなどという失礼なことを述べる気はない。はっきりペット扱いされている他の学者なら何人かはただちに名前をあげることができるが、彼らと猪口氏とを同列に論じようというのではない。

だが猪口氏は少なくとも改革が緊急課題となる前の時代から外務省のお気にいりだったことは間違いない。これまでの外務省との関係が密接で、外務省がらみの活動に加わることが多く、外務省からみれば明らかに制御できる範疇《はんちゅう》の人物なのだ。これまで外務省のあり方の欠陥を指摘し、その改革志向の実績をかわれて起用されたのではないことは明白である。

第二の理由は、猪口氏が学者としてこれまで外務省内部の守旧派に似た政策や思考を表明してきたことである。安全保障や軍縮という分野で、そうなのだ。

外務省の安保面での守旧派とは、とにかく対立を避け、日本以外の安全保障にかかわることに反対する一国平和主義、軍縮や軍備管理も相手側の出方にかかわらず、こちら側の軍事力削減を説く一方的軍縮、力による抑止や均衡で平和を守るという一般国家の要件を日本は満たすべきでないというハンディキャップ国家論などを唱えてきた連中である。

とにかく摩擦を避けることを優先するから、冷戦中はソ連の軍事的脅威から目をそむけ、最近では中国や北朝鮮には極端に遠慮することになる。

猪口氏はこうした考え方そのものの持ち主ではないにしても、冷戦中に同氏が書いた論文その他では、とにかくソ連の軍事脅威を指摘することがなく、ひたすら西側にソフトな姿勢を求めるという主張が多かった。

二〇〇二年四月十三日に朝日新聞に載ったインタビュー記事でも猪口氏は大使の職務への抱負として「持続的軍縮という概念を訴え、米国も説得したい」と述べている。日本の安全保障にとっての軍縮ならば、同盟国のアメリカの説得よりも、まずお隣の中国の軍事力大増強への説得が先なのは常識だろう。

さらに猪口氏はアメリカ中枢攻撃の同時テロへの対応でも、アメリカの対テロ戦争や日本のその戦争支援に明らかに反対していた。テロからほぼ一週間後の二〇〇一年九月十九日の毎日新聞に載った論文では次のように述べていた。

「米国がテロに対して空軍や地上部隊を全面投入して反撃すれば、自ら戦略的エスカレーションを遂げることになり、(中略) 戦略的合理性は成立しにくい」

「(米国が)犯人ネットワークへの対処のための危機管理交渉に成功することを祈りたい」

つまりはテロリストには戦いを挑まず、危機管理交渉をせよ、というのだ。

もしアメリカがそんな道を選んだら、ビンラディン一派もタリバンもテロ実行の戦力を温存したまま、いまもまだ健在だっただろう。

そもそも交渉という概念を冒頭から否定して無差別の暴力を手段とするテロリストと交渉しろ、というのだから、小泉純一郎首相の考えとも根本から異なるといえる。

安全保障についてどんな場合でも「とにかく話しあいを」というのは旧社会党の非武装中立論にも通じる旧態依然の戦後日本的思考である。外務省も実はたぶんにその主要な一角をになってきた。

だから猪口氏のこれまでの学者としての軌跡も外務省のその守旧思考寄りの感じが強いのである。

民間人大使は「ウィンドー・ドレッシング」

外務省の輝けるキャリア外交官としてフランス大使などを務めた矢田部厚彦氏が二〇〇二年三月に出した『職業としての外交官』（文春新書）という本を読んでいたら、えっと思わされる記述にぶつかった。日本の大使の任期が短すぎることを辛辣《しんらつ》に批判しているのだ。

「日本の大使の在任期間が短いことは昔から国際的に定評があり」「『日本の大使は昨日着任したと思ったら、もう離任準備に忙しい』などと噂《うわさ》されるようなことは甚《はなは》だしく問題である」

「猫の目のように大使を代えることは、接受国に軽視されているという印象を与え、失礼であり、外交的に大きなマイナスである。どうせすぐ代わってしまう大使なら、接受国がどうして大事にしてくれようか」

「一カ所に五年、十年とじっくり腰を落ち着け、外交官生命をその国との関係に捧《ささ》げるくらいの大使がたまにはあってもよいのではないか」

まさに正しい主張である。

ただし矢田部氏がいまごろになってこんなことを述べているのには、開いた口がふさがらなかった。

ネコの目のようにかわるという日本大使の先兵はまさに矢田部氏ご本人だったからだ。

矢田部氏は一九八一年に、それまでなんのかかわりもなかったベトナムの大使となった。ベトナムについて事前知識がまったくなかったことは『ヴェトナムの時』という別の自書であっさりと認めている。ベトナム勤務はお定まりの短期の二年たらず、そのあとはなんと、オーストリア、ベルギー、フランスの各大使を短い年月の間に、文字どおりくるくると回るように務めたのだ。

一人で四か国というネコの目の大使勤務をさんざん自分でやっておいて、こんどはネコの目はよくない、というのだから、人間の言論とは便利なものである。

しかも矢田部氏の場合、現役時代も一九九四年に退官してからも著書があるが、それらのなかでは、そんな大使人事に象徴される外務省の問題点などツユほども提起はしていない。

それがいま、みんなが明白な問題点を指摘するようになって、あわててバスに飛び乗ったという感じなのだ。

私は日本の大使の人事がどんな基準から判断しても非合理、非効率であるという主張をもう二十年も前から新聞や雑誌に書いてきた。日本の外務省のシステムのおかしさは幼児にでもわかるのだ。

だが当時は外務省の慣行や制度を批判するのは超少数派だったから、矢田部氏の世代の外務官僚たちからは、なにかと冷遇されたものである。

そのころの外務官僚は自分たちの欠陥システムをあくまで正しいとして弁護し、批判をする側にはあれこれ嫌がらせまでしていたのだ。

だがいまや外務省がおかしいというのは、日本国あげてのコンセンサスとなったようだ。実際の外務省の改革も表面でみる限り、いよいよ前に進みそうな様子となってきた。とくにこれまで「不適材不適所」のシンボルとして提起してきたキャリア外務官僚による大使ポストの独占たらい回しも、変えねばならないという意見が大勢として定着したようだ。

だからこそ矢田部氏のような元大使までが「大使人事はおかしい」などといい出すのだろう。

自民党の外交部会の外務省改革小委員会も二〇〇二年四月、外務省の機構にメスを入れる一連の提案を発表している。そのなかには大使ポストには民間や他省庁から二割、外務省のノンキャリアから二割を登用するという案も入っていた。主要国大使は首相が選任するという案もあった。

これまでの大使人事がどうみてもあまりにおかしい、あまりにひどい、という認識が日本のなかでやっと徹底してきたということだろう。

民間人大使の驚くべき実状

大使人事の改革の第一歩が、先述した上智大学教授の猪口邦子氏のような民間からの人材の登用だとされている。川口順子外相は猪口氏をジュネーブの軍縮会議日本代表部大使に送ったあと、自民党の元衆議院議員の小川元《はじめ》氏をも大使に起用した。小川氏はスペイン語やポルトガル語に堪能だとされ、チリ大使に任命された。

原則としてこの種の民間人、あるいは外務省の外からの人材の大使起用はどんどん推進されるべきである。外務省の改革に通じる、わかりやすい実効措置だともいえる。

しかしこの「民間人大使」にも気をつけねばならない点がある。

外務省はすでに民間人の大使起用を猪口氏の以前にも実施しており、その前例はみせかけだけの改革を演出するウィンドー・ドレッシング（装飾）の感じが強かったからだ。

「民間人を大使に起用」というひびきのよい宣伝文句の下に、旧態依然、あるいは旧態よりもさらにひどい不適材不適所の人事が実行されたのである。

一九九五年八月、元毎日新聞の記者で経済ジャーナリストの高原須美子氏（故人）がフィンランド駐在の大使に任命された。

高原氏はすでに海部政権時代の八九年に民間からの初の女性閣僚として経済企画庁（当時）の長官に選ばれて、有名となっていた。本来は家計とか消費という国民経済に関する分野で著作を多く発表したジャーナリストである。その高原氏が六十二歳のときにフィンランド大使となったのだ。

このころから外務省に対しては大使人事の官僚独占などに批判がちらほら出始めていたから、

外務省にとってこの高原氏の起用は「大使ポストもこれほど民間に広く開放しているのです」という宣伝効果は大きかった。

ところがこの「民間人起用」も表と裏とではギャップがあった。

高原氏はたしかに民間で経済関連の著述を活発に続け、すぐれた実績をあげた人ではあったが、従来から官僚機構との密接なきずなを保つことで有名だった。

あの省この省で審議会や調査会のメンバーを委嘱《いしょく》され、官僚の作った答申案にOKを出し、役所からはいつも非常に重宝がられた「民間の著名女性」だったのだ。

しかも高原氏は日本の国民経済を国内で論じてきた人で、外交にからむ実績とか経験はまるでなかった。外国語ができるという話もなかった。ましてフィンランドとはなんの縁もなかったのだ。

だから高原氏を経済企画庁の長官に任命することには根拠はあっても、フィンランド大使にすることの論拠というのは、まず見当がつかなかった。

まあそれでも彼女の起用は外務省の従来の官僚持ち回りの大使人事よりはましだろうというのが私の当時の感想だった。

だが高原氏がフィンランドの首都ヘルシンキに赴任してから二年ほどが経った一九九七年九月に週刊新潮におもしろい記事が出た。「私の週間食卓日記」という欄があり、そこに高原須美子在フィンランド日本大使の「日記」が出たのである。この欄は著名人の一週間の食生活を紹介するのだが、自然とその人物のその週の行動が詳細に報告されてしまう。

だからこの食卓日記も高原大使のフィンランドでの日常活動の全体を浮かびあがらせていた。

その記述によると、高原大使の行動というのは、日本から訪問した日本人の企業代表、国会議員、学者夫妻らとの顔あわせや懇談、案内ばかりなのである。

日本からの来客との昼食、ニチメン会長一行とのディナー、トヨタ現地法人社長と夕食、京大名誉教授との夕食、林義郎衆議院議員一家とのディナー……こんな会食に加えて、日中の行事も日本人と行動をともにするのがほとんどだった。

土曜日は朝から夕方まで日本大使館の館員たちとのゴルフのコンペ、夜はその流れを受けての館員たちとのディナー・パーティーと、とにかくオール日本なのである。

肝心のフィンランド側との外交活動がまったく出てこない。赴任してもう二年だから、フィンランド側の官民に知己《ちき》が増えてもよいはずだが、その種の接触も皆無に近い。

フィンランド側との交流があっても、外交の配慮上、記さないだけかもしれないとも思った。

だが、それにしては日本人との交際が朝から晩までぎっしりと詰まっている。

たまたまこの一週間は特別に日本側との接触が多かったのかもしれないが、とにかく大使が最大任務とする任地国側との交流が書かれていないのである。

フィンランドで連日連夜の高級日本料理

個人の食の好みは大使としての公務とは関係はないだろうが、本人が堂々と書いているので、あえてコメントすれば、はるか北欧の地にあるのに、連日連夜、手のこんだ日本料理ばかり食べているのにも驚いた。

この「食卓日記」を評価して、アドバイスを述べる管理栄養士の荒牧麻子氏もびっくりしたと書いていた。

「だし巻き卵にほうれん草のごま和え、カブの浅漬けなどが並ぶ食卓日記は日本に帰国した折のものかと思いながら目を通すと、(フィンランドでの食事なので)これにはびっくり」

そのほかにも日本食は炊き込みご飯(具は五種)、刺身六種盛り合わせ、海老と野菜のかき揚げ、信州産ザルそば、といった手のこんだ料理がヘルシンキの日常の食卓に並ぶことが書かれていた。

なにしろホテルオークラ神戸の日本料理のシェフを大使個人用に雇って、ヘルシンキまで連れていったというのだ。もっとも、この慣行は他の日本大使たちにも共通している。

ヘルシンキの日本大使公邸は入り江に面した眺望の地にあり、フィンランド名物のサウナバスが備えられ、そのうえに温水の室内プールがあるという。

こんな環境で専属の日本料理のシェフに毎日、美味の食事を供されるとなると、外務官僚たちがとにかく大使ポストにできるだけ多く就きたがるのも改めて理解できてくる。

だがより重要な問題は、高原氏の任地国との接触や交流がきわめて少ないようにみえる点である。

外交はもちろん国際活動の経験がなく、外国語もとくにできず、任地国との事前のかかわりも知識もない大使となれば、当然とも思える。

だから高原大使のフィンランド在勤中、なにか外交上の足跡を残したという話はどこからも出てこなかった。

外務省の「民間人大使起用」のこれまでの実態はこんな程度なのである。

もっとも外務省とすれば、フィンランド大使というポストはそう重要ではないし、適当に知名度の高い民間人に与えて、「開かれた外務省」を宣伝すれば、十分以上に引きあう、ということだろう。

だからまさにウィンドー・ドレッシングなのである。適材適所にはおよそほど遠い人事でもあった。

ただし、当時のフィンランドの日本大使館に勤務していたある外交官は、高原氏が大使としての実績をそれなりにあげたという見解を述べていた。最近、この外交官の意見を聞く機会があったのだ。

「高原女史の大使としての功績は日本から彼女を訪ねてくる人が多くて、日本でのフィンランドに対する認識が広まった点だといえます。女史の日本での交友が広範だったためです。ふつうならフィンランドにこない人でも高原大使に会いにくる、というわけです」

なるほど、物事にはいろいろな見方があるものだ。だが大使の第一の任務は任地国とのきずなを深め、任地国の日本への理解を広めることだろう。

日本側での特定な外国への認識を広めるのは本来、日本国内での作業のはずだ。それが在外の日本大使の任務だというのならば、大使は外交官ではなく〝内交官〟となってしまう。

「アメリカ通」の財界人がハンガリー大使

高原氏の後の民間人大使としては、経団連の生え抜き職員で専務理事まで務めた糠沢《ぬかざわ》和夫氏（現・外務省文化交流部長）が一九九八年四月に六十一歳でハンガリー駐在大使に任命された。

糠沢氏はアメリカの専門家として知られた人物である。経団連に入ってから、アメリカには留学も含めて三回も勤務したという。私が特派員として駐在するワシントンにも頻繁にやってきて、日米経済摩擦に関するシンポジウムの類《たぐ》いの会合で日本財界の立場を流暢な英語で説明していた。

その意味では国際体験が豊富だとはいえるものの、東欧のハンガリーとはどんな関係があるのか。外務省側ではハンガリーが日本からの投資の拡大を望んでいるため、糠沢氏の経済の知識やコネが役に立つという触れこみだった。

だがこれも屁理屈《へりくつ》めいてひびく。財界団体事務局のアメリカ専門家がハンガリー大使になることはどうみても奇異である。ふつうに考えれば、不適材の人事だとさえいえる。

糠沢氏はブダペストに二年余、大使として駐在したが、その間、彼の活動がよくも悪くも話題となることは私の見聞する限り、まったくなかった。いくら英語圏での国際経験があっても、東ヨーロッパはまた別世界である。

これまた「民間からの大使登用」という部分を宣伝することに最大の意義があるような外務省らしい人事だった。

フィンランドもハンガリーもそもそも日本外交にとってはさほど重視されず、キャリアのエリート外務官僚たちにとってその大使ポストはさほど魅力はないとされる感じなのである。だからこそ、民間に払い下げ、ということになるのだろう。

「ノンキャリア登用」こそ〝身分差別〟

瀋陽での亡命者連行事件によってわが外務省の構造的ゆがみがまたまたあらわにされた。日本国民の間で中国への懸念や日中関係のあり方への疑問とともに、日本外交への非難がいまほど高まったことはないだろう。国民が声をあげれば政治家が動き、政治家が動けば、官僚機構も動く。

外務省の改革はいまがまさに好機だろう。

もっとも瀋陽事件をまたなくても、外務省の腐敗やゆがみは明白となっていた。外交官への一般の批判は鋭くなっていた。こうしたうねりを背景に外務省の改革の試みがいろいろな形で始められるようになった。

改革を進める手法としては、外務省自体が「骨太の改革」というネーミングで「開かれた外務省のための10の改革」の方針を二〇〇二年二月に発表したほか、川口順子外相の私的諮問機関とされる外務省を「変える会」という識者の集まりがオリックス会長の宮内義彦氏を座長として同年春、スタートした。

自民党も外交部会に外務省改革小委員会を設け、独自の改革案を四月に公表した。まさに外務省改革ブームである。

おもしろかったのは「変える会」の五月の中間報告が「登庁、退庁の際には挨拶をきちんとする」「大使同士が閣下と呼びあうような過剰な敬称をやめる」「外交官夫人の上下関係をなくす」などという提言を発したことだった。

一般社会でならば当然のこんなことを「改革」として打ち出さねばならないほど、外交官の世界は現実の社会と遊離している、ということだろう。

一連の改革の提案のなかには外務省の局長や大使の人事を斬新《ざんしん》にするという勧告も含まれ、先述のように猪口邦子上智大学教授がジュネーブの軍縮会議日本代表部大使へと起用された。ノンキャリア（Ⅱ種）からキャリア（Ⅰ種）への登用試験を通った駒野欽一《きんいち》氏がペルシア語専攻の実績をかわれて、アフガニスタン駐在の特命全権大使に抜擢《ばってき》されたのも適材適所人事への一歩ともみえる。

しかしこうした改革を思わせる動きと同時進行で〝不適材不適所〟の旧態人事がその何倍もの規模で依然としてつづいている。

ニューヨーク総領事として二〇〇一年九月のアメリカ中枢同時テロの際に邦人保護で失態を演じた河村武和氏はこんどはイラン駐在の特命全権大使に任命された。フランス語が専門でフランス語圏の勤務の長い河村氏が、儀典長を務めたあとアメリカ経験ゼロのままニューヨークにパラシュートで降りてきた経緯は第二章ですでに報じたが、またまたこれまで無縁のイスラム圏のテヘランに未経験のまま赴任するわけだ。

チャイナ・スクールの領袖《りょうしゅう》の池田維氏はブラジル駐在大使に任命された。池田氏は橋本龍太郎元首相の〝意地悪介入〟で中国駐在大使への就任内定を取り消された人物である。かわりに、いまや悪名高い阿南惟茂氏が中国大使に任命されたわけだが、池田氏はブラジルよりは中国に赴任するほうが適材適所だっただろう。同じチャイナ・スクールでも中国との距離のとり方にはバランス感覚があったという定評だからだ。

モンゴル語専攻のノンキャリアとして初めてモンゴル駐在大使となった花田麿公氏が現地では水を得た魚のように（一部でははしゃぎすぎという評もあるほど）活発に動き回っていたことはすでに述べたが、後任のモンゴル大使にはモンゴルに関してはなんの関係も経験もない外交官が選ばれた。當田《とうだ》達夫氏というデュッセルドルフ総領事などを務めたドイツ語の専門家で、ノンキャリアとして入省し、後にI種の外交官試験に受かって、キャリア扱いになった人物だという。

當田氏はデュッセルドルフ時代に地元の日本人の集まりで「国際社会では相手の心に届く言葉を自由自在に使える表現能力が重要」などと演説をしていた。だがモンゴル語もできずにモンゴルに赴任して、このモットーをどう実現するのだろう。

評判の悪い「ノンキャリア登用制度」

さて最近の一連の外務省改革案はノンキャリアの職員の登用や抜擢もうたっている。「骨太の改革」ではこれまでノンキャリアではまず無理だった課長・室長以上のポストにもノンキャリアを就ける、という方針が打ち出された。「変える会」では大使ポストの二割程度はノンキャリア職員とするという中間報告を出した。

自民党の外務省改革小委員会でも大使ポストの二割はノンキャリアからの登用、とうたっている。

たしかにこれまで報告したように、私自身の体験でも日本人外交官で専門分野に長じ、これはいかにもプロと感心させられる人はノンキャリアに多かった。

外務省全体としてはキャリア、ノンキャリアを通じ原則として真の専門職を養成せず、みなゼネラリストとして使うというのが年来の方針だから、ノンキャリアでもベトナム語の達人がアメリカ勤務、チェコの権威がカナダ勤務というような例もざらにある。

だがそれでもキャリアよりはノンキャリアの間に一定の専門の知識を蓄積する外交官が多いようだ。

二〇〇二年六月現在、アラスカのアンカレッジの総領事の大日方《おびなた》和雄氏は外務省全体でも領事業務に関しては最高権威とされるという。領事業務を集中的に務めた年数が長いために、その知識や経験は他を圧するほどだとの定評である。

ワシントンの日本大使館の寺西千代子参事官もノンキャリアだが、外交プロトコール（国際儀礼）のトップクラスの専門家とされる。多数の国で勤務しながらも担当はいつもプロトコールだったからだそうで、『国際ビジネスのためのプロトコール』という著書もある。

こんご外務省全体としては、このノンキャリアの人たちの扱いが専門分野の確立の問題とからんで大きな課題となろう。

ところが最近の改革案での「ノンキャリアの登用や抜擢」という勧告は肝心のノンキャリアの間では意外と評判が悪い。

外務省は他省に先がけて、一九七五年からノンキャリアのキャリアへの登用制度というのを設けた。ノンキャリアのうちの優秀な人たちをごく少数ながら昇格させ、キャリアなみの扱いにするという制度である。前述の駒野欽一アフガニスタン大使もこの登用の門をくぐった超少数派の一人だった。

最近、発表された一連のノンキャリア登用・起用・抜擢案もこの従来の登用制度と考え方は共通している。だが重要なのは当のノンキャリアの外交官たちがこの登用制度には反対している、という事実である。

ベテランのノンキャリア外交官がその理由を説明してくれた。

「登用というのは結局、いまあるキャリアとノンキャリアとの身分差別を固定し、キャリアの力を強くすることになるからです。ノンキャリアのだれを登用するかを決めるのはあくまでキャリアの上司です。登用の条件の一つに『過去三代にわたる直接の上司が登用を推薦する』というのがあります。キャリアの歴代上役に対し長年にわたりゴマをすって、気に入られなければ、登用はされないのです」

登用の基準は三代の上司の推薦のほかにも「能力、人格、識見において上級職の平均水準以上でなければならない」などと記されている。だがそのキャリアの平均水準をどう決めるのかは難しい。この種の登用基準はどれも客観性、透明性に欠け、キャリアの幹部の主観に拠《よ》るところが大きいともされる。

しかも登用されるノンキャリアは比率でいくと、一千五百人に二人というような感じのため、この制度でノンキャリア外交官の士気が高まるということはない。

だからこそ実はこのノンキャリアのキャリアへの登用制度は、二〇〇一年十二月には廃止が決まったのである。

田中真紀子外相時代の外務省の改革案は同年十二月二十一日に発表され、この登用制度は「偏りがちな上司の評価に左右される」「ノンキャリアとキャリアを区別せずに幹部に登用をはかるほうが望ましい」という理由で廃止がはっきりと打ち出されていたのだ。

なのにほんの数か月のうちにまた存続、復活となってしまったのである。

ノンキャリア大使のポストは非・先進国ばかり

たしかにいまのキャリア、ノンキャリアの身分差別は封建時代と変わりない。ノンキャリアはまず絶対に本省では課長にもなれない。課長のすぐ下の首席事務官にもほとんどなれない。せいぜい課長補佐、しかも二十年も三十年も勤めた末にやっと、という形である。

ノンキャリアのすごろくのあがりは本省ではせいぜい課長補佐、室長、調整官なのだ。海外勤務でも出世はキャリアよりずっと遅れ、公使の下の参事官というランクになるのは五十代である。一方、キャリアは三十代の後半で参事官になってしまう。公使、大使もノンキャリアにとってはまあ、なれないのが現実だといえる。

ただしごくごく一部の大使、公使ポストは従来からノンキャリア用に供されている。一九八〇年以降、その種のノンキャリア大使となった人物とポストには以下のような実例がある。高畑敏男ボリビア大使、安藤茂美ガーナ大使、柿沼秀雄ガボン大使、有地一昭ネパール大使、吉川英男リベリア大使、田中英二リビア大使、西方正直トリニダードトバゴ大使、吉田喜久夫フィジー大使、野草茂基カタール大使、多田利雄シリア大使――。

ここまでみてくると、一つの顕著な傾向があらわになるだろう。

それはノンキャリアの大使が送られる国の特徴である。辺境とか後進という言葉を使うのは相手国に対し非礼だろう。だがここに登場した諸国の経済水準、所得水準、衛生水準などは、アメリカやフランスといった先進諸国とは天地の差である。日本にとっての重要性という点からみても、微小だといえる。そこで生活すること自体が大変な難作業というような国ばかりなのだ。

要するにエリートのキャリア外交官たちが死んでも駐在したくないような国の大使ポストをノンキャリアに〝下賜《かし》〟するという感じなのである。

だからこれからの改革案でいくら「大使ポストの二割はノンキャリアから」などと決めてみても、そのポストがこの種の国ばかりであれば、意味はない。それこそ身分差別の固定を進めるだけのこととなる。

すでに述べたように外務省では毎年、上級職と呼ばれるキャリア、つまりⅠ種を二十数人ずつ採用する。同時に専門職、あるいは中級職と呼ばれるノンキャリアの職員は四十数人、採用する。以前はノンキャリアには高卒も多かったが、最近ではみな四年制大学卒、しかも名門とされる大学を出た男女も多い。二〇〇二年は東大出が二人いたという。

この二種類の外交官の集団を区別するのは唯一、スタート点での試験である。同じ学歴でもⅠ種の試験に受かれば、急行券を手にいれたように、同年齢や先輩のⅡ種たち多数を尻目《しりめ》にして、エリート・コースをすいすいと駆けのぼれるのである。

ただ一回の試験で以後の四十年近くの官僚生活の内容が天と地ほども違ってくるわけだ。

インドのカースト制度や日本の士農工商の制度のように身分が差別されるシステムでは差別される側がふつうに働いていたのでは士気を失うのは当然である。

巨額の公金不正取得で逮捕された松尾克俊、浅川明男といった人物たちはみなノンキャリアだった。

鈴木宗男代議士に密着し、公金を不正に動かしたとして逮捕された佐藤優という人物も同様にノンキャリアの外交官だった。

米外交官にはⅠ種もⅡ種もない

こういう状況をみてくれば、解決策は明白となってくる。キャリアとノンキャリアとの身分の差別を出発点からなくしてしまうことである。もちろんこの措置は実行がむずかしい。キャリアとノンキャリアの区別は日本の官僚制度の年来の中枢だからだ。

外務省以外の他の省にしても、こんな枠組みは明治時代からの遺物である。日本社会全体で四年制の大学を卒業する人間がまだまだ少なく、官学出のエリート官僚という存在が名実ともに厳存した時代の産物だといえる。

だがいまや社会も変わり、人間のそんな区分は意味がなくなった。となれば、外務省が先頭になって、キャリアとノンキャリアとの間の垣根を取り払ってしまうべきである。

アメリカの国務省では職業外交官として毎年、二百五十人から三百人までの男女をキャリアとノンキャリアとに区別せず採用している。

採用した男女のなかで自然淘汰《とうた》の競争をさせ、その成果をじっくりみて、将来の役割を決めていくという方式である。組織内での昇進はあくまでその多数の間での自由競争の結果、ということになる。

ノンキャリアの間では当然ながら外務省の機構のこうしたゆがみには批判が多い。一九八〇年代なかごろにはノンキャリアの有志が集まり「ノンキャリアの懇話会」という組織をつくって制度の根本からの改編を訴えるようになった。

同懇話会の意見は歴代の外相では安倍晋太郎氏（故人）がもっとも熱心に聞いてくれたという。だがこの種の集まりは中心メンバーがすぐに海外の勤務になってしまうため、長期間、継続しての活動は困難にもなる。

前述のベテランのノンキャリア外交官が強調した。

「やはりⅠ種とⅡ種の間の区分をなくすこと以外に外務省の真の改革はありえないと思います。いまのままでは外務省の機能は構造的にも国のニーズに応《こた》えていません」

第六章　自らの能力欠如をさらけ出す〝外注〟外交という背信

存在理由を失う日本大使館

不祥事がつづくなかで「解体論」まで囁かれる外務省。その〝本業〟である外交能力にも疑問符がつく。

学生に教えを乞う「有能なる外交官」たち

振り返ってみると、日本の外交官たちに対して抱いていた私のイメージが根本から崩れ始めたのは、古い話とはなるが、二十五年ほど前の一九七七年ごろ、私がワシントンに赴任してまもなくの時期からだった。

それまでにも私は南ベトナムの首都サイゴンに四年近く駐在し、日本の外交官と接して、その一部の人たちのおかしな傾向に気づいてはいたが、日本にとってとくに重要なアメリカに送られている日本外交の選良たちには、なお高い期待を抱いていた。

任地たるアメリカの社会になじみ、政治や経済の実態に精通し、アメリカ人と変わらない英語を自由に話し、日本の立場を堂々と主張し、各界の人と接し、日本にとって貴重な情報をどんどん入手する……そんな有能で、かっこうのよい日本人外交官たちがワシントンの日本大使館には結集し、水を得た魚のようにすいすいと活動しているのだと思っていた。

少なくともアメリカを担当する外交官は、同胞の日本の記者やビジネスマンをはるかに上回る現地適応の能力を有し、独立独歩で活躍しているのだと信じていたのだ。

しかしそんなイメージが現実とはどうも違うと思わされた最初のきっかけは、一九七七年六月、ワシントン・ポストの第一面に載った記事だった。

この記事は「日本大使館はアメリカ議会を理解できない」という見出しだった。記事の書き出しは以下のようだった。

「ワシントンでも最大のスタッフを抱える日本大使館がなぜ二十五歳のアメリカ人学生にカネを払って政治情勢を教えてもらう必要があるのか――」

記事は、日本大使館が独自にはアメリカ議会の動向や政治一般を理解し、把握することができないために、アメリカ人学生に頼るだけでなく、地元の法律事務所や調査企業、ロビイストに高額の代金を払って、教えを乞うている、という趣旨だった。大使館本来の責任であるこうした任務をなぜ日本人の外交官自身が果たさないのか、という疑問の提起でもあった。

調査能力の欠如を認めた日本人外交官

「学生」については、この記事は日本大使館がアメリカ国内政治に関して日本人大使館員に説明、報告してもらうため、二十五歳のアメリカ人大学院生を週二十時間の勤務で年間一万八百ドルの給料を払って雇い、学生は大使館内の独自のオフィスと「研究顧問」という肩書を与えられている――と報じていた。

週二十時間の仕事に年間一万ドル余というのはアメリカの基準でも高額だった。

一ドルが三百円以上の為替レートだったそのころ、毎日新聞のワシントン特派員だった私が文字どおり日曜もなしに朝から晩まで働いて得るフルタイムの年間給与とほとんど同じだったのだ。

日本人外交官はなぜそんな助けが必要なのか。この記事はその答えを大使館の政務担当の小倉和夫書記官（現フランス大使）の言葉で示していた。

「ふつうの日本人にとって英語がたとえよくできても、アメリカの新聞二、三紙の政治記事を読むには五、六時間もかかるので、アメリカ人を雇って頼めば若者でも役に立ちます」

この答えに私はびっくり仰天した。

対米外交のプロ中のプロであるはずのワシントンの日本大使館にとってアメリカの新聞をすらすら読破することぐらい、ごく初歩の作業ではなかったのか。

この記事はさらに日本大使館が外交業務の〝外注〟として、ワシントンの法律事務所に三千ドルを支払い、在韓米軍地上軍に関するアメリカ政府の政策の調査を頼んだり、他の法律事務所に同じく三千ドルを出して、アメリカ議会の新しい倫理綱領についての調査を依頼したことも伝えていた。

ここでも背後にあるのは日本人外交官がこうした調査をなぜ自分の責務として果たさないのか、という疑問だった。

その点について前述の小倉氏が記事のなかでまた答えていた。

「日本の官僚制度の独自性のために(日本人外交官自身では)正しい情報を得ることがむずかしいのです」

「われわれのような外国人ではアメリカ議会でどんな倫理綱領が作られるのかを理解することは、ときには非常にむずかしいのです」

この言葉はワシントン駐在の日本人外交官には独自の調査能力がないということを認めているに等しかった。

たしかにこれまで報告してきたように、日本の外交官がさまざまな任地を二年足らずの短期でくるくる動き、その地の勤務で求められる専門の知識や能力を持たず、無知の素人としてスタートする場合が多いという実情からすれば、小倉氏が指摘したような能力欠如は当然の結果であろう。外交官が外交業務を自分でできなければ、高い代金を払ってでも他人に頼むというのも、自然となる。

じつはその種の外交業務の外部への委託、つまり〝外注〟は日本の対アメリカ外交では長年、水面下での大きな支柱となってきたのだ。

このワシントン・ポストが伝えた法律事務所への三千ドルでの調査依頼など氷山の一角だったのである。

私はこの〝外注〟外交の実態を自分でも知るようになり、その規模の大きさに驚いていた。

日本の大使館や外務省はアメリカ側のじつに多数の法律事務所や調査会社、ＰＲ企業、ロビイスト、コンサルタントに巨額の代金を支払って、外交の広範な業務を委託していたのだ。

アメリカ側では個人でも企業でも外国の政府機関などから委託されて、政治や広報、調査など関連の仕事をした場合には、「外国代理人（フォーリン・エージェント）」として司法省にその活動の内容や報酬の金額を届け出なければならない。その届け出の中身は原則として公開される。だからそれをみれば、日本の〝外注〟外交の実態もかなりわかってしまう、というわけだった。

その〝外注〟のスケールの大きさを示すほんの一例だが、ワシントン・ポストのこの記事が出た時点でも、日本大使館がワシントンのダニエルズ・ホウリハン法律事務所に一九七六年一年間で八万七千ドルをも払い、貿易政策、貿易問題の状況についての報告と助言を受けていたことを私は毎日新聞ですでに報じていた。当時の八万七千ドルというのは文字どおり巨額のカネだった。

〝外注〟外交の委託先一覧

対米〝外注〟外交は日本の外務省の長年の伝統でもあった。通産省その他の省庁も同様だった。

一九八〇年代に入ると、その規模はさらにふくれあがった。日米両国間の摩擦案件が増え、その一方、日本側では貿易黒字の累積などで資金が豊富になったからだといえる。

具体的にはワシントンの日本大使館がアメリカ側の組織に情報収集、調査・分析、議会工作、行政府への働きかけ、広報活動、法律事務などをカネを払って委託する〝外注〟である。日本大使館、さらには外務省などによるその〝外注〟外交はどれほどの範囲と規模に及んだのか。一九八五、六年の時点での司法省への届け出をもとにその一部を紹介しよう。

▽フィリップ・バンスライク社（ＰＲ企業）――日本の首相、外相、駐米大使、総領事らの英文のスピーチ書き。支払い金額＝ニューヨーク総領事館を通じて、外務省から年間十五万ドル

▽グレイ社（ロビー活動・ＰＲ企業）――アメリカ国内政治、とくに共和・民主両党内部の動向を調査、日本大使館に報告。支払い金額＝年間二万五千ドル

▽ウィルバー・モンロー法律調査会社――アメリカの経済政策や国際的な経済、財政の状況について情報を収集、日本大使館に報告。支払い金額＝年間三万二千ドル

▽日米貿易協議会（日本外務省全面出資の米側調査・研究・広報機関）――日米経済関係についてアメリカの政府や議会へのロビイング、ＰＲ活動。支払い金額＝日本大使館を通じ外務省から年間七十三万三千ドル

▽チャールズ・フォンロウエンフェルト社（ＰＲ企業）――アメリカでの日本についての学校教育を米側教育関係者に働きかけ、それら関係者の日本訪問をアレンジ。支払い金額＝日本大使館から年間八万ドル

▽ホーガン・ハートソン法律事務所――日米貿易、税制、入国査証などについて日本大使館

に情報と助言を提供。支払い金額＝年間七万ドル

▽タナカ・ワルダーズ・リジャー法律事務所――日米貿易の動きについての法律的な側面の業務を日本大使館に提供する一方、日本貿易センターを通じて通産省駐在代表にも同種の情報と助言を提供。支払い金額＝日本政府から年間四万四千ドル

▽マナト・マナト社（ロビー・法律業務会社）――日米貿易問題に関して日本大使館の依頼を受けて、アメリカ側の上院議員や政府高官と会談。支払い金額＝日本大使館から年間三万六千ドル

▽マイク・マサオカ社（ロビー・ＰＲ企業）――アメリカ議会のメンバーに、日本政府のロビー工作の一環として、日米関係での日本側の主張や情報を盛った資料を配付。支払い金額＝日本大使館などから半年で四万ドル

▽ドナルド・ラーチ社（ＰＲ企業）――日米間の農業貿易問題会議での日本代表の英語演説を作成したり、日本大使館を代弁してアメリカ政府代表と懇談。支払い金額＝日本大使館から年間一万五千ドル

▽サウンダース社（コンサルタント企業）――日米経済関係について助言を与え、日本大使館員とアメリカ政府係官との会合をアレンジ。支払い金額＝日本大使館から年間五万八千ドル

▽ミルバンク・トゥイード法律事務所――アメリカの多様な法律問題や政策問題について日

本大使館に助言。支払い金額＝日本大使館から年間四万ドル以上、主要なケースをざっとあげただけでも十二社、年間の支払いは百四十万ドルほど（当時の為替レートで三億円前後）にも達する。

一九八五年の時点では正確には日本大使館が雇ったアメリカ側代理人（エージェント）は全体で十九、アメリカ各地の日本総領事館の〝外注〟契約分も含めると二十五団体ほどとなっていた。

日本大使館が米側のいわば業者に委託したこれらの業務は、外交活動そのものである。その外交の重要部分が当の外交の相手であるアメリカの企業に任されるのだ。

しかもじつに巨額の政府資金を払って、である。

日本の首相らの英語スピーチを書いて三十万ドル

〝外注〟はいまの言葉でいえば、アウトソーシングとなる。外交のアウトソーシングなのである。

どんな組織でも作業の効率を高めるためのアウトソーシングはある程度は必要だろう。だが、こと主権国家の外交活動となると、話は異なってくる。

外交はいうまでもなく独立した主権国家の固有の自主的な活動である。あくまで自国のため、自国民のため、自主的に実施する活動でもある。

その活動の主要部分を、自国とは利害が相対する立場にある相手国の機関に頼るということは、自主性の喪失につながりかねない。

もし外交で〝外注〟を制限なしに推し進めると、大使館の存在の必要性さえ、希薄になる。大使館の正常な業務をみな相手国の民間企業にゆだねてしまえば、あえて大使館を設けていなくてもよいことになる。

外交の自主性と〝外注〟の是非にからんで象徴的なのは、日本側政府要人の英語の演説書きである。

日本の首相が訪米してワシントンでアメリカ大統領と会談し、挨拶《あいさつ》をして演説をする。ナショナルプレスクラブで演説する。外務大臣がニューヨークの国連本会議で演説する。ワシントンの公式昼食会でスピーチをする。あるいは駐米大使がアメリカの各地で日米関係について演説する。

私はこの種の日本代表の外国向け公式スピーチは英語部分も含めてみな日本側で独自に書くものだとばかり思っていた。草稿はそれぞれの政府要人のスタッフが書き、最終の内容は外務省の英語の専門家を動員して仕上げるのだろう、ぐらいに思っていた。外交の自主性などという以前の、ごく自然な作業方法だろうと信じていたのだ。

ところが前述の〝外注〟外交委託先の代理人一覧の冒頭で紹介したように、外務省ではこういう場合のスピーチの英文草稿書きを一九六〇年代以来、アメリカのＰＲ企業のフィリップ・

バンスライク社に委託してきたのである。演説の原案こそ日本側でつくるが、その内容を実際の英語のスピーチにする作業はバンスライク社への〝外注〟なのだ。

旧聞に属するが、その後の長年の状況も同じなのであえてあげると、一九七七年春には当時の福田赳夫首相の訪米に先立ち、同社代表のフィリップ・バンスライク氏が前もっての英文スピーチ草稿書きのために、東京まで招かれた。福田氏がワシントンやニューヨークでする一連のスピーチの英語版をバンスライク氏が事前に書きあげ、その当時は一九八〇年代よりももっと多い年間三十万ドルもの報酬が在米日本大使館を通じて支払われたのである。

ちなみに首相や外相の英語スピーチ書きを外国の民間企業に委託している国は、先進国では皆無である。英語国のイギリスやオーストラリアなどは別として、当時の西ドイツやフランスでも自国の外務省所属の専門家が書くか、あるいはワシントン駐在大使がみずからすべて書いてしまうというのだった。

わが外務省が〝外注〟に頼るのは、やはりそこまで高度の専門能力を有する外交官を育てていないから、ということになるだろう。

日本外交の〝外注度〟は群を抜いて「世界一」

アメリカでの日本外務省の〝外注〟外交の現状はどうだろうか。

日本の大使館や各地の総領事館がアメリカ側の調査会社やＰＲ企業に外交活動の一部を委託するという〝外注〟、つまりアウトソーシングは一九八〇年代とくらべれば、規模や数こそ減ったものの、なおかなり大幅につづいている。その度合いの高さは「なぜ日本人外交官が自分でやらないのか」という疑問を提起させるに十分である。

二〇〇二年に公表された司法省への届け出を中心に、日本の大使館や総領事館がアメリカの民間プロに代金を払って発注した外交活動の内容を眺めてみよう。届け出られた実際の活動は二〇〇一年が主体となる。

駐米大使館〝外注〟外交の現況

▽バーンハーゲン社（広報業務企業）――日本側が関心のありそうなアメリカのマスコミ記事や報道について報告。支払い金額＝シアトルの日本総領事館から半年で四千二百ドル

▽バターフィールド・カーター社（調査・ロビー企業）――捕鯨問題に関する助言や代理業務の提供、アメリカ政府係官との接触。支払い金額＝日本大使館から半年に二万ドル

▽ダニエル・エーデルマン社（コンサルタント企業）――戦略的な助言を提供。支払い金額＝ニューヨークの総領事館から半年に三万八千ドル

▽デッカート・プライス法律事務所――アメリカ証券業界の現状、税法や銀行法の規則についての調査と協議。支払い金額＝日本大使館から半年で二万ドル

▽ホーガン・ハートソン法律事務所――法律上の助言や雇用関連の訴訟の業務を提供。支払い金額＝日本大使館から半年で二万ドル

▽日米貿易協議会（調査・広報機関）――日米貿易の促進のためにアメリカ側の政府係官、ビジネスリーダー、マスコミ代表などと会うとともに、日本側の情報を米側に広報。支払い金額＝外務省から日本大使館を通じて半年に五十七万四千ドル

▽キーン社（法律業務・ロビー企業）――カリフォルニア州の議会や政府の動き、とくに第二次大戦関連の訴訟の動きのモニターなど。支払い金額＝サンフランシスコの日本総領事館から半年で一万八千ドル

▽ムリン・コミュニケーションズ社（広報企業）――アメリカ一般向けの英文月刊ニューズレターの作成。支払い金額＝日本大使館から半年で二万ドル

▽サウンダース社（コンサルタント企業）――日米経済関係について助言するとともに、大

使館員とアメリカ側関係者との会合をアレンジ。支払い金額＝日本大使館から半年で一万八千ドル

▽アン・ビクトリア・スミス氏（ロビー・調査の専門家）――日本大使館員がアメリカの議会スタッフや政策決定専門家たちと親しくなるために、昼食会などをアレンジ。支払い金額＝日本大使館から半年で二万三千ドル

▽ホワイトハウス・アソシエイツ社（広報企業）――対米広報への助言、米側マスコミへの働きかけのアレンジ、日本関連のパネル討論への参加、日本外交官のスピーチの作成など。支払い金額＝ロスアンジェルスの日本総領事館から半年で八千ドル

以上、合計十一社にのぼる。

これら十一の外国代理人に日本外務省の側から払われた〝外注〟代金は年間に換算すると約百六十五万ドル（二億円超）となる。

ただし、大口の日米貿易協議会はこんご廃止の方針が決まっている。

アメリカ相手の〝外注〟外交ではじつは経済産業省（旧・通産省）が下部組織のジェトロを通じて、ものすごい数の米側の法律事務所やロビイスト、ＰＲ企業などを雇っている。外務省の〝外注〟と重複する部分も多い。だがこの点は外務省の対米外交とはまた別のテーマなので、ここでは詳述は避ける。

こうした〝外注〟外交は適切なのか、それとも日本外交官の能力不足を示す不適切な外部依

存なのか。

さらに別の角度から考えれば、これだけの代金を毎年、払いつづけて、日本外交にそれだけの実利がもたらされるのか、という費用対効果の疑問もある。

ワシントンの日本大使館側はそうした点について「これら外部の代理人はその必要性を毎年、吟味し、効果をあげている相手だけを厳選して雇っており、既得権として惰性で委託がつづかないようにしている」と述べる。

しかし日本の対アメリカ〝外注〟外交は他の諸国の対米外交にくらべると、まったくの異色なのである。

他の諸国はワシントンの大使館や全米各地の総領事館によるアメリカ側の企業への外交業務の委託は、ほとんどしていないのだ。

二〇〇〇年の司法省への届け出でみると、フランス、ドイツ、イタリア、オーストラリア、ブラジルなど主要諸国は大使館、総領事館の〝外注〟はゼロである。対米外交はすべて自国の外交官まかせ、在外公館まかせ、ということだろう。

イギリスは〝外注〟の代理人は二、韓国も二、対米外交では日本よりずっと後発の中国も二、アメリカへの依存度がきわめて高いイスラエルでさえも三、という数字になっている。

日本の十一という数は異常なほど突出した世界一なのである。

だから日本の外交官は、ことアメリカ相手の外交活動となると、他国の外交官よりも〝外注〟、つまり米側の企業への委託の度合いが異様に高い、ということとなる。

「外注してなにが悪い」と開き直る傲慢な大使館員

しかしこの日本外務省の〝外注〟外交は以前はさらにずっと激しかったのだ。

前述のように一九八五年当時、日本の大使館、総領事館が雇ったアメリカ側代理人は合計二十五に達していた。外交業務の報酬として払う代金も一か所の法律事務所やロビイストに年間八万ドルとか十万ドルという巨額だった。しかもこれだけの代金を払って、いったいどれほどの効果が得られたかの費用対効果も、まったく疑問だった。

だからそのころと比較すれば、現在の〝外注〟外交はかなり縮小され、効率化されたとはいえよう。

私はすでに述べたように、この〝外注〟外交の実態を一九七七年ごろから毎日新聞や『中央公論』などのメディアで報じてきた。

それらの報道では米側の弁護士やロビイスト、ＰＲコンサルタントへのそのころの委託は明らかに過剰であり、外交本来のあり方から逸脱している、という批判的なスタンスが基本だった。

しかし当時の日本大使館では私の一連の報道に対して激しく反発し、アメリカ側代理人をそれほどの数や金額で雇うのは当然だと主張した。

当時、大使館のスポークスマンだった渡辺泰造参事官（のちにインドネシア大使）は「基本的な情報収集と判断は大使館独自でやり、枝葉末節を外部に依頼している。アメリカでは高額を出さないと一生懸命やってくれない」などと述べていた。

渡辺氏が当時の私の報道へのコメントとして大使館の〝外注〟を弁護するのはその職務上、当然ではあっただろう。

だが陰湿で傲慢《ごうまん》だったのは当時、日本大使館の政務班長を務めていた有馬龍夫参事官（のちのドイツ大使、現在の日本政府代表）の対応である。

有馬氏は〝外注〟外交のいわば現場責任者だったのだが、私がその〝外注〟外交について報道すること自体が気に入らないとみえて、ワシントンで私の悪口をいってまわっていた。私は有馬氏と面識さえなかったが、アメリカ側の取材先の知人たちから彼が私をしきりにののしっていることを聞かされた。

有馬氏は日本人特派員たちに私の名をあげ、「あんな記事を書く記者はもう大使館への出入りを差し止める」と豪語したともいう。私は当時、日本大使館にはまったく出入りしていなかったから、それを差し止めるとはおもしろいと笑ったものだった。

要するに当時の外務省にはマスコミに対し、あるいは自分たちへの批判に対し、この種の高圧的な態度をとる傲慢官僚が多かったのである。

だがおもしろいことにその後の一九八六年一月、外務省は対米外交でそれまでアメリカ側のロビイストや弁護士などの代理人（エージェント）を雇いすぎていたとして、〝外注〟の自粛と縮小の方針を発表した。

当時の外務省首脳はその理由を以下のように説明していた。

「日本の官民の機関はアメリカ側のエージェントを高額の費用で数多く雇いすぎ、ワシントンで批判の対象となってしまった。日本が知名度の低い小国だったときはこうしたエージェントの使用も必要だったが、いまでは日本人みずからがアメリカ要人に会い、意見を述べられるようになった」

「在米日本大使館はエージェントの使用がとくに多いが、エージェントのなかにはその効用が疑わしいものもあり、予算も限られているため、こんごは費用対効果をチェックしてその数を減らしていく。担当者がかわるたびにエージェントの活動内容を調べて、契約継続の是非を厳しく点検する」

自画自賛をする気はないが、こうした新方針はそれまで私が対米〝外注〟外交に関して述べてきた批判とまったく同じだった。有馬龍夫氏や渡辺泰造氏が以前に表明していた「外注をしてなにが悪いか」という趣旨の主張の否定でもあった。

私はこの外務省の新方針を受ける形で『中央公論』の一九八六年四月号に「駐米大使館〝外注〟外交の挫折」という論文を発表した。外務省のそれまでの外注依存の実情を改めて紹介し、外部委託をこんご自粛するという新方針を正しい動きとして歓迎する内容だった。

ところがこの論文への外務省側の対応として、同じ『中央公論』の翌月号に当時の外務省北米第二課長だった田中均氏（現アジア大洋州局長）による「駐米大使館〝外注〟外交の挫折か？」と題する論文が載った。

この論文はなんとも奇妙な内容だった。日本大使館が高い代金を払ってアメリカ人のコンサルタント（エージェント）を雇うのも「周辺情報の網の目の一部として」「大使館員の情報収集を補足する性質」だとして、日本人外交官があくまで主体性を保つことを強調しながらも、当時のホワイトハウスの対ソ連制裁緩和については代金を払って雇っていたコンサルタントから得た情報が決定的なカギになった、と述べていた。一方で〝外注〟を「補足」と呼びながら他方で「決定的」だというのである。

田中氏の論文はさらに対米広報について「日本政府の意見はロビイストにより代弁し得ない」と断言する一方で、「日本が日本的な感覚で日本的概念で物事を説明しても米国人には充分、理解されないばかりか、誤解される」として、アメリカ人の広報のプロへの委託の必要性を説いていた。要するに支離滅裂なのである。

とにかく外務省の従来の外部委託をなんとしても正当化しようというだけの論文にしか思えなかった。その従来の委託に間違いが多かったことは外務省自身が認めているのである。

外務省の対米〝外注〟外交の委託相手のエージェントが一九八五年には合計二十五社だったのが、いまでは十一社に減ったのは、その八六年の自粛新方針のせいだろう。

しかし他の諸国にくらべれば、日本の対米外交はまだまだ〝外注〟部分が多いことはすでに述べた。

日本人外交官の専門能力を引き上げれば、〝外注〟が少なくてすむのは自明なのである。

「よりよき日本」のための「よりよき外交」を

さて本書では日本の外務省、さらにその出先である大使館や領事館の活動のあり方をこれまで私自身の三十年に及ぶ国際報道記者としての経験をたどりながら伝え、論じてきた。その内容は結果として外務省に対する批判がほとんどとなった。

だが私はなにも最初から外務省や大使館が気に入らないなどと思っていたわけでは決してない。白紙の状態で接した結果、こんなおかしなことがあるのか、という驚きや憤りを覚えるケースがとにかく多かったのだ。

日本外交の機能にはふつうの日本人の感覚でみて、不自然で不健全な部分が少なくなかった。そうした実態は国内の多くの人々に知らせるべきだと感じた。

そもそも日本の外交の実態は日本国内にいるだけでは、まずわからない。外国にいて、日本の外交官や在外公館と接することで初めてわかるという事柄が多い。

だから国外で活動する日本人ジャーナリストにとって、そうした事柄を日本国内に向けて知らせることは重要な責務であろう。国際舞台での日本外交のあり方を日本国民に知らせることは、そうした国際舞台の一角に足を踏み入れることができる日本人特派員の存在理由でさえあるだろう。私はそう考えて努力してきたつもりである。

私の意識でさらに基盤となるのは、ことさら気負うわけではないが、「よりよき日本を」という切望である。

日本の外交を形づくるのはもちろん日本自身だが、ときには外交が日本を変えていく場合もある。日本の国際イメージはまさに外交に左右される。その点では「よりよき日本外交」は「よりよき日本」につながっている。

だからこそ「よりよき日本を」と念じながらの「亡国の日本大使館」報告となった。

この書では外務省の多数の人々に実名で言及し、辛辣《しんらつ》な批判をも述べてきた。だがそうした批判の対象はすべてそれらの人々の外交官としての公的活動にのみしぼったつもりである。どの人に対しても公務と関係のない私的、個人的な論評は差し控えた。私的な感情はそもそもないからである。

公的な事柄が論評の対象だからこそ、個人の実名、あるいは具体的な職名をあげることは意味があると思う。

私たちすべての日本国民にとって超重要な日本外交というテーマを語るのに、「A国の日本大使館」「欧州のある国駐在のB大使」などという表現はあまりにまどろっこしい。無責任でさえある。私が実名で書くことに自分で責任をとるのと同様、書くことの対象となる側も実名で特定し、その責任を明確にするべきだと思った。

当然ながら本書で名をあげてネガティブな論評をした外務官僚たちに対しては、私個人としてはなんのネガティブな思いも感情もない。個人レベルでは長年の交流の結果、むしろ友好や親愛の念を抱いてきた外務省の人たちも少なくない。私にとって学ぶところが大だった外務官僚も少なからず存在することは、最後に明記しておきたい。

初出誌／『ＳＡＰＩＯ』二〇〇一年六月二十七日号～二〇〇二年七月二十四日号
写真撮影／坂本真理
写真提供／共同通信社（第一章）、時事通信社（第五章、第六章）
図版デザイン／ＱＵＥＳＴＯ

古森義久（こもり・よしひさ）
1941年東京生まれ。慶応義塾大学卒業後、ワシントン大学留学を経て、毎日新聞サイゴン、ワシントン両特派員。87年に産経新聞に移り、ロンドン、ワシントン支局長、中国総局長を歴任。現在ワシントン駐在編集特別委員。
75年度ボーン国際記者賞、78年講談社ノンフィクション賞、82年日本新聞協会賞、93年日本記者クラブ賞をそれぞれ受賞。
著書に『ベトナム報道一三〇〇日』『日米「異変」』『大学病院で母はなぜ死んだか』『影のアメリカ』『北京報道七〇〇日』『日中再考』『「日中友好」のまぼろし』など多数。

亡国の日本大使館

2002年8月10日　初版第１刷発行

著　者　古森義久

発行者　遠藤邦正

発行所　株式会社 小学館
〒101-8001
東京都千代田区一ツ橋2-3-1
電話　編集 03-3230-5800
　　　制作 03-3230-5333
　　　販売 03-3230-5739
振替　00180-1-200

印　刷　文唱堂印刷株式会社

製　本　株式会社 若林製本工場

ＤＴＰ　株式会社 吉野工房

ISBN 4-09-389252-0